KB109679

미식견문록

RYOKOSHA NO CHOSHOKU

by YONEHARA Mari

Copyright © 2002 INOUE Yuri

All rights reserved.

Originally published in Japan.

Korean translation rights arranged with INOUE Yuri, Japan

through THE SAKAI AGENCY and BC AGENCY.

미식견문록

이현진 옮김

요네하라 마리

마음산책

미식견문록

1판 1쇄 발행 2009년 7월 1일
1판 12쇄 발행 2015년 7월 15일
문고판 1판 1쇄 발행 2017년 1월 15일
문고판 1판 4쇄 발행 2023년 1월 5일

지은이 | 요네하라 마리
옮긴이 | 이현진
펴낸이 | 정은숙
펴낸곳 | 마음산책

등록 | 2000년 7월 28일(제2000-000237호)
주소 | (우 04043) 서울시 마포구 잔다리로3안길 20
전화 | 대표 362-1452 편집 362-1451   팩스 | 362-1455
홈페이지 | www.maumsan.com
블로그 | blog.naver.com/maumsanchaek
트위터 | twitter.com/maumsanchaek
페이스북 | facebook.com/maumsan
인스타그램 | instagram.com/maumsanchaek
전자우편 | maum@maumsan.com

ISBN 978-89-6090-288-6 03900
     978-89-6090-291-6 (세트)

사람을 고향과 이어주는 끈에는
참으로 여러 가지가 있을 수 있다.
위대한 문화, 웅대한 국민, 명예로운 역사.
그러나 고향에서 뻗어 나온 가장 질긴 끈은 영혼에 닿아 있다.
아니, 위胃에 닿아 있다.
이렇게 되면 끈이 아니라 밧줄이요, 억센 동아줄이다.

차례

서곡

제1악장

휴식

제2악장

간주곡

제3악장

처음 보는 음식을 먹을 때
호기심과 경계심 사이의 균형감각이 드러난다.
미지의 것에 얼마나 마음을 여는지
볼 수 있는 리트머스지가 아닐까.

■ 일러두기

1. 이 책은 요네하라 마리가 쓴 『旅行者の朝食』(분게이슌주, 2009)를 번역한 것이다.

2. 옮긴이 주는 글줄 상단에 맞추어 표기하였다.

3. 외국 인명, 지명, 작품명 및 독음은 외래어 표기법을 따르되 관용적인 표기와 동떨어진 경우 절충해서 실용적 표기에 따랐다.

4. 국내에 소개된 작품명은 번역된 제목을 따랐고, 국내에 소개되지 않은 작품명은 우리말로 옮겼다.

5. 잡지와 신문, 음악, 그림, 공연, 영화, 방송 프로그램 제목은 〈 〉로, 논문이나 기사, 시와 단편 제목은 「 」로, 단행본과 장편 제목은 『 』로 묶었다.

서곡

닭이 먼저냐 달걀이 먼저냐

통역 중에 침묵은 용서되지 않는다. 영어·독어·프랑스어·러시아어·헝가리어의 동시통역사 롬브 가토도 이렇게 한탄했다.

연설자가 말문이 막히면 '어머나, 내용뿐 아니라 표현까지 고르고 계시나 보네. 어쩜 저렇게 성실한 분일까' 하고 청중들의 호감을 산다. 그러나 동시통역사가 말이 막히면 지금까지 졸고 있던 사람들조차 "뭐야, 뭐야. 혹시 통역사가 졸고 있는 거 아냐?" 하며 장내가 어수선해진다.
——『나의 외국어 학습법わたしの外國語學習法』

그렇다. 절대로 입을 다물어서는 안 된다고 명심하지만 그래도 말문이 막힐 때가 있다. 그로 인해 망신스러웠던 일은 이루 말로 다 할 수 없을 정도지만, 오랫동안 이 일로 먹고살다 보니 어느덧 실수도 금세 잊어버리고 툭툭 털고 일어서는 자기방어 기제가 생겼다. 무엇보다 감쪽같이 속이는 재주도 늘었다. 하지만 알에서 갓 부화한 병아리 통역사 시절에 저지른 실수를 돌이켜보면 지금도 얼굴이 화끈거린다.

쿠릴열도 4개 섬에 관한 국제세미나 때 일이다. 발언자는 당시 소련 정부의 고문으로 유명한 국제정치학자 P 씨로, 이후 러시아 연방 외무장관과 총리를 역임한 사람이다.

"여러분, (   )에서 시작할 작정입니까?"

여기서 (   )에 해당하는 부분이 '아브오보'라고 들리긴 들렸는데, 그런 러시아어가 있는 줄은 몰랐다. 하지만 그 부분을 몰라서는 통역을 할 수 없었다. 초조하기 그지없었지만 쿠릴열도 4개 섬을 두고 일본과 러시아 쌍방이 어느 쪽이 먼저 발견했느냐며 백중 토론을 벌이고 있는지라 P 씨의 따지는 듯한 어투를 고려하여, "여러분, 그런 화제에서 시작하실 작정입니까?" 하고 슬쩍 넘어가려 했다. 그러자 일본 측의 누군가가 "그그그그그런 화제라니, 웬 말이오!" 하고 벌컥 화를 내는 게 아닌가. 완전히 바늘방석이었다. 그래도 앞서 슬쩍 넘어간 것이 탄로 나지 않도록 러시아어로 통역할 때는 "아브오보라니 무슨 말이오!" 하고 거짓말을 보탰다. 이에 P 씨가 "아브오보를 거슬러 올라가면, 결국 닭이 먼저냐 달걀이 먼저냐 하는 끝없는 순환논리에 빠지게 되는 거지요" 하고 내뱉고는 선약이 있다며 자리를 박차고 나가버렸다. 아슬아슬하던 내 곡예는 곤두박질치기 일보 직전에 끝났고 다행히 회의도 결렬되지 않았다. 회의를 마치고 러일사전을 찾아보니 'AB OVO'라고 키릴 문자_{그리스 선교사 키릴로스가 만든 글라골 문자를 바탕으로 9세기 말 무렵 불가리아에서 만들어진 문자. 현재 러시아 문자의 모체가 되었다}가 아닌 로마자로 표기되어 있고, 또 '[라틴어]' 표시가 되어 있다. 뜻은 '처음부터'라고 나와 있다. 맞다. 이럴 땐 라틴어 아니면 그리스어가 뻔하다. 러시아어뿐 아니라 유럽문명권의 언어와 일본어 사이를 통역하는 사람이 가장 두려워하는 것 중의 하나가, 발언자 입에서 언제 그리스어나 라틴어 관용구며 유명한 시 한 구절이 원어로 튀어나올지 예측할 수 없다는 점이다. 번역가는 찾아볼 시간이라도 충분히 있지만, 통역사는 통역하고 있는 시점에 알고 있는 지식이나 교양으로 승부할 수밖에 없다. 최근까지도 유럽 각국에서는 그리스어와 라틴어가 김나지움_{Gymnasium, 유럽의 중등교육기관}과 리세_{Lycée, 프랑스의 후기 중등교육기관}의 필수과목이었다. 고전어 소양은 교육받을 수 있는 카스트에 속한다는 증거요, 신분의 상징이었으니 그 전통은 아직도 면면이 이어져, 발언 중에 틈만 나면 그리스어나 라틴어를 섞어서 교양을 과시하는 것이 웅변술의 일부가 되어버렸다. 별것 아닌 것을 그럴듯하게 보여주는 효과도 있으니 그만

둘 수 없는 것이리라. 일본인이 고사성어를 즐기는 것과 일맥상통한다고 볼 수도 있겠다. 이런 생각을 하고 있자니 예전에 내가 러시아문학을 하겠다고 뼈약거리던 시절에도 이 표현이 자주 나왔던 게 떠올랐다. 책을 뒤적거려봤더니 당장에 하나를 찾아낼 수 있었다. 19세기 러시아의 대표적인 문예비평가 벨린스키^{V. G. Belinskii}의 문장이었다.

> 과거, 현재, 그리고 혹시나 미래의 문예평론가들을 흉내 내어, 마치 같은 곡을 연주하는 듯 '아브 오보 레다^{AB OVO LEDAEUS}'(레다의 알에서부터)로 시작할 마음은 없다. (…) 호메로스니 베르길리우스, 데모스테네스나 키케로의 유골을 만지작거리고 싶지 않기 때문이다.
>
> ─『문학적 몽상』

그렇다. 그리스 신화에 나오는 '레다의 알'이다. 제우스는 아이톨리아의 왕 테스티오스의 딸인 절세미녀 레다에게 반해서 백조로 둔갑해 그녀와 관계를 갖는다. 그 결과 레다는 알을 낳고 그중 하나에서 헬레네가 태어난다. 헬레네는 그리스에서 제일가는 미녀로 성장하여 스파르타 왕 메넬라오스의 왕비가 되었는데, '금단의 사과'를 둘러싼 일들(이 책 140쪽 참조)을 겪으며 트로이의 양치기 파리스에게 납치당하는 바람에, 그리스 연합군이 트로이로

원정을 떠나는 원인이 된다.

『명언명구 사전』(N. S. 아슈킨·M. G. 아슈키나 지음)에 따르면 '레다의 알에서부터 시작한다'라는 표현을 맨 처음 쓴 사람은 호라티우스라고 한다. 호라티우스는 저서 『시론』에서 호메로스를 절찬하면서, 특히 트로이 전쟁을 서술할 때 AB OVO(즉 레다의 알의 신화)에서 시작하지 않고 독자를 곧장 IN MEDIAS RES(본문)로 끌어들이는 점이 훌륭하다고 했다.

이렇게 하여 AB OVO는 라틴어로 '알에서부터'라는 의미로 '사물의 기원부터 밝힌다' 혹은 '근원으로 거슬러 올라간다'는 취지로 쓰이며, '아무래도 좋은 것을 너절하게 늘어놓는다'라는 뉘앙스도 띤다.

아니, '레다의 알' 신화나 호라티우스가 한 말 등의 유래를 모르더라도 AB가 '~에서', OVO가 '알'을 뜻한다는 것만 안다면, 알은 생명의 시작을 상징하므로 '알에서부터 시작한다'는, 이야기나 문제의 근원으로 거슬러 올라간다는 뜻이라고 금방 추측할 수 있다.

한편 관용구 AB OVO가 레다의 알에서 유래한 말이 아닐 수 있다는 설도 있다. 예를 들어 『랜덤하우스 영어사전』을 찾아보면, 고대 로마의 연회에서 맨 처음에 달걀이 나왔기 때문에 이 표현이 '처음부터'라는 뜻이 되었다는 것이다. 이 관용구 전체는 '맨 처음부터 마지막까지^{AB OVO}

USQUE AD MALA'로, 글자 그대로 '알에서부터 사과까지'가 된다. 로마의 연회에서는 맨 마지막에 과일이 나왔나 보다.

이 전통은 르네상스 말기까지 계속되어, 2001년 일본에서 '이탈리아의 해' 행사로 기획된 르네상스기 정찬 식단도 맨 처음이 달걀이었고 마지막이 과일이었다. 그런데 르네상스 때는 삶은 달걀을 먹었으나, 로마 때는 삶은 달걀도 오믈렛도 프라이도 아니고 날달걀을 삼켰다고 전해진다. 주 요리가 나오기 전의 아페리티프 혹은 전채와 같은 종류로 봐야 할까.

하지만 지금의 이탈리아인뿐 아니라 서양인들은 달걀을 날것으로 먹지 않는다. 감기 들었을 때 마르살라^{Marsala}주에 날달걀을 넣어 꿀꺽 삼키거나, 성악가들이 목을 부드럽게 하기 위해 먹기는 하지만 이런 것을 요리라고 볼 수는 없다.

지금의 이탈리아인은 날달걀뿐 아니라 달걀 요리를 거의 먹지 않는다. 아침상에도 잘 오르지 않는다. 페투치네 넓적한 파스타 면를 소스에 버무릴 때 노른자를 쓰는 정도다.

하지만 지금도 호텔 아침식사에는 일식이든 양식이든 반드시 달걀 요리가 나온다. 그런 의미로 보더라도 AB OVO는 '처음부터'라고 할 수 있겠다. 아무 요리도 못하는 사람이라도 달걀 프라이 정도는 만들 줄 알 것이다. 요리의 초보라는 의미로도 AB OVO는 '처음부터'인 것이다.

서두가 길었다. 이제 나의 이 책도 '알에서부터' 시작하려 한다. 나의 식생활에 관한 기억을 AB OVO로 찾아보면 역시 달걀부터이기 때문이다. 어머니의 젖을 빨던 기억도 이유식을 먹은 기억도, 머릿속에 남아 있을 리 없다. 먹는 것에 관한 나의 가장 오래된 기억은 달걀에 관한 것이다.

아버지가 삶은 달걀 껍질을 까주신다. 내가 하나를 먹으면 또 하나를 까주신다. 아, 얼마나 행복한지. 그 달걀도 홀랑 입속으로 넣는다.

"마리는 어째서 이렇게 달걀을 좋아하지?"

어이없어하시면서도 아버지는 달걀을 또 주문해주셨다. 아버지 어깨 너머로 회전 관람차가 보인다. 어느 유원지였던 걸까. 나보다 나이가 조금 많아 보이는 여자아이가 와서는 앞에 놓인 접시를 가져가려 한다. 나는 그 접시를 꽉 붙잡고 놓지 않는다. 여자아이도 접시 한쪽을 붙잡고 잡아당긴다.

"마리야, 그 접시는 이제 필요 없잖아."

아버지가 타이르신다.

"착하지? 그 접시 놓으렴."

나는 접시를 붙들고 있는 손끝에 더욱더 힘을 모은다.

"유미코, 그 접시는 나중에 가져오너라."

가게 아줌마가 타일렀지만 여자아이도 오기를 부린다. 그즈음 주문한 삶은 달걀이 나온다. 내 관심이 그리로 쏠리는 바람에 손끝의 힘이 풀렸나 보다. 여자아이가 접시를 쥔 채로 엉덩방아를 찧는다. 여자아이는 으앙 하고 울기 시작한다.

여기서 영상이 끊긴다. 내 상상력으로 떠올린 영상이 아니라 실제로 겪은 일인 것 같다. 여동생이 태어나기 전후이니 두세 살 무렵이었는데, 아버지는 유원지에 나를 자주 데리고 가주셨다. 그때마다 내가 좋아하는 삶은 달걀을 사주신 것 같다. 언젠가 가겟집 딸과 접시로 줄다리기했던 일을 친지들 사이에서 종종 화제로 삼곤 했으니까.

나는 왜 가겟집 딸에게 접시를 내주기 싫었던 걸까. 지금도 그 이유가 선명하게 기억난다. 삶은 달걀을 얼마든지 먹을 수 있는 환경에 있는 여자아이가 부럽고 샘이 나죽을 지경이었던 것이다.

달걀을 너무 많이 먹어 탈이 났는지, 네 살이 지날 무렵부터 나는 심한 아토피에 시달리게 되었다. 달걀을 포함한 모든 동물성 단백질에 과잉 알레르기 반응을 보였다. 슈크림만 먹어도 온몸이 견딜 수 없이 가려워서, 전철 안에서든 유치원에서든 입은 옷을 나 벗어젖히고 벅벅 긁어댔다. 온몸의 피부가 여기저기 벗겨져, 바람이 불 때마다 아렸다. 악어를 속여 가죽이 벗겨진 '이나바의 흰 토끼

因幡の白兎'이즈모出雲 지방 신화의 하나. 토끼가 악어를 속여 바다를 건너려다가 들통나서 가죽이 온통 벗겨지는 이야기의 운명이 남의 일 같지 않았다. 어머니는 나를 데리고 이곳저곳으로 병원을 찾아다니셨지만, 의사들의 처방은 하나같이 매일 스테로이드 주사를 맞으라는 것이었다. 어린 마음에도 달걀을 먹으면 큰일 난다는 인과관계를 분명히 알고 있었지만 그래도 달걀이 먹고 싶었다.

초등학교에 들어갈 무렵, 아버지 친구 분인 한의사 선생님이 우리 집에 오셨을 때 내 증상을 보시고 한약을 조제해주셨다. 어머니가 달여주신 그 쓴 약을 한 열흘 마시고 났더니 아토피는 감쪽같이 사라졌다. 그 뒤 40년이 지나도록 재발한 적이 없다.

이렇게 해서 다행히도 좋아하는 달걀을 얼마든지 먹을 수 있었다. 그런데 이번에는 먹을 수 없는 다른 이유가 생겼다.

어느 날 초등학교 교문을 나서니, 웅성거리는 사람들 사이에서 아이들이 와자지껄 떠드는 소리가 들려왔다. 틈새를 비집고 들어가 보니, 수건을 꼬아 이마에 동여맨 일꾼 차림의 아저씨가 돗자리 위에 책상다리로 앉아 있고, 그 양옆의 큼직한 상자에서는 노랗고 토실토실한 것들이 삐약거리고 있는 게 아닌가. 살아 있는 병아리가 그렇게 귀여운지 미처 몰랐다. 손바닥에 올려놓으니 내 손바닥을 부리로 꼭꼭 쫀다. 갸우뚱하고 나를 쳐다보는 검고 동그란 눈동자가 너무나 사랑스럽다. '1마리 10엔'이라고 적힌 팻말이 걸려 있다. 나는 집까지 단숨에 달려가, 저금통을 탈탈 털어 들어 있던 돈을 몽땅 움켜쥐고 되돌아왔다.

"320엔 있으니까, 32마리 주세요."

그렇게 말하니 아저씨는 생각지도 못한 대답을 한다.

"암놈은 30엔이다."

조금 전에는 미처 보지 못했지만, 정말 '암컷 30엔'이라고 씌어 있다.

"새끼 낳는 건 암컷이죠?"

"암, 그렇지."

"그럼 암컷 10마리하고 수컷 2마리 주세요."

"네가 골라보렴."

다 귀여워서 어느 병아리를 골라야 할지 망설여진다. 한 마리씩 아저씨께 건네자, 아저씨는 종이 상자에 차례로 던져 넣는다. 상자에서 삐약거리는 병아리에 홀딱 빠져 걷다 보니 집에 돌아오는 데 시간이 꽤 걸렸다. 어머니는 상자에 무엇이 들어 있는지 보자마자 무서운 얼굴을 하셨다.

"안 돼. 당장 돌려주고 오너라!"

"싫어요."

"우리 집에는 고양이가 있잖아. 고양이 먹이가 되고 말

거야."

"절대로 먹히지 않도록 새장에 넣어둘 거예요. 그러다가 크면 방금 낳은 달걀도 먹을 수 있잖아요."

당시는 이웃에도 정원에 닭장이 있는 집들이 많아 그렇게 말했지만, 어머니는 허락하지 않으셨다.

"아니, 안 클 거야. 다 죽어가는 약골만 골라서 파는 거니까. 금세 죽어버릴걸."

걱정이 되어 상자를 들여다보니, 한 마리가 눈을 감고 쓰러져 있다. 다른 병아리에게 밟히는데도 일어나려 하지 않는다. 손바닥에 올려보니 축 처져서 이따금씩 팔딱거리며 경기를 일으킨다. 당장에 교문 앞까지 달려가봤으나 조금 전까지만 해도 그 많던 사람들이 거짓말처럼 사라지고 아무도 없다. 손바닥 위의 병아리는 이미 숨이 끊어졌다. 몸이 순식간에 식어간다. 고양이가 파헤치지 않도록 깊숙이 묻어주었다. 그래도 나머지 11마리는 건강하게 뛰어다니며 쌀집에서 사온 먹이를 쪼아 먹고 있다. 그러나 저녁에는 3마리가 죽었고 이튿날 아침에 일어나 보니 또 3마리가 죽어 있었다. 건강하던 병아리들이 기력을 잃고 죽어가는데 나는 아무것도 해주지 못하고 그저 지켜봐야만 하니, 안쓰럽고 불쌍해서 견딜 수가 없었다.

사흘이 지나자 딱 한 마리밖에 남지 않았다. 삐악이라고 이름 지은 요 녀석은 건강하고 몸도 커갔다. 훌륭한 닭이 될지 모른다는 희망이 생겼다. 우리 집에 와서 일주일째 되는 날, 삐약이가 요란을 떨기에 새장이 좁아서 그러나 보다 싶어 뜰에 꺼내주었다. 삐약이는 좋아라 하며 온 뜰 안을 돌아다녔다. 부리로 땅을 쪼나 했더니 어느새 지렁이를 입에 물고 있다. 나 잘했지 하는 얼굴이다. 그 순간 갑자기 검은 덩어리가 눈앞을 휙 지나갔다. 꺅 하고 울며 소리쳐봤지만 눈에 익은 도둑고양이가 벌써 삐약이를 물고 도망간 뒤였다. 이렇게 하여 병아리는 한 마리도 남지 않게 되었다.

그로부터 장장 1년 동안, 나는 닭고기도 달걀도 먹지 못했다. 손바닥 위에서 죽어간 병아리들의 모습이 어른거려 도저히 입에 넣을 수가 없었던 것이다. 아침에 날달걀은 물론, 오므라이스며 달걀찜이며 달걀이 들어간 핫케이크조차도 입에 댈 수 없었다.

1년쯤 지난 어느 날 카스텔라를 먹고 있는데 어머니가 "어, 거기도 달걀이 잔뜩 들어 있는데" 하셨다. 그 순간, 팔딱거리다 죽어간 병아리들의 모습이 눈앞에 어른거렸다. 눈물이 흘러내렸다. 그러면서도 나는 계속 카스텔라를 먹었다. 기왕 독毒을 먹을 거면 접시까지 핥자는 심정이었다. 아니, 하필이면 그렇게 맛있는 카스텔라였을까. 병아리들이 어른거리는 모습을 지우는 방법을 그때 터득했다.

먹는다는 것과 산다는 것, 이는 어찌 이리도 잔혹하고 죄 많은 일인가. 살생의 죄책감과 맛있는 것을 먹고자 하는 강렬한 욕망. 이 모순을 그대로 받아들이는 것이 어른이 된다는 것일까.

그날 이후, 나는 다시 달걀을 먹을 수 있게 되었다.

그 뒤로, 돼지, 소, 양과 관련해서도 비슷한 경험을 했다. 지금도 고기 요리나 달걀 요리를 앞에 두면 잠깐이나마 병아리들과 동물들의 모습이 눈앞에 어른거린다. 모두들 어쩌면 그렇게 슬픈 눈인지. 그런데도 다음 순간 으적으적 맛있게 먹어대는 내가 때때로 무섭다.

나보다 마음 착하고 의지가 강한 사람들이 채식주의자가 되는 것이리라. 덧붙이자면 히틀러도 채식주의자였다.

제
1
악
장

여행자의 아침식사

"어때? 요즘 러시아는?"

내가 모스크바 공항에 도착해서 마중 나온 친구를 만나 물었다. 그러자 그는 조금 뜸을 들이더니 이렇게 소곤거렸다.

"이제 곧 '비상사태부'가 폐지될 거래."

"뭐? 그건 또 왜?!"

러시아에서는 소련 연방이 붕괴된 뒤 15개 공화국으로 분리 독립할 즈음부터 엄청난 권력투쟁과 처참한 민족분쟁이 여기저기서 터졌고, 아직도 그런 상태가 지속되고 있다. 이에 각 공화국 정부는 매일 그에 대한 대책 마련에 몸살을 앓아, 급기야 위기관리를 전문으로 하는 '비상사태부'라는 관청을 설립했다. 그곳이 폐지된다는 말이었다.

"갑작스레 그게 무슨 말이야. 러시아가 안정을 되찾은 것 같지는 않은데?"

"그래서지. 이렇게 매일이 비상사태인데 굳이 비상사태라고 부를 필요가 없다는 얘기지 뭐."

이건 러시아인의 주특기인 농담이다. 아무리 힘들고 어려운 현실도 웃어넘기는 그네들의 뚝심에 그저 숙연해진다.

농담과 재담은 러시아인의 필수 교양이다. 보통 러시아인이라면 적어도 500가지 정도, 모범생 타입이라도 최소한 300가지의 재담을 비축해두지 않고서는 어디 가서 끼지도 못한다.

이런 러시아인이 즐기는 우스개에는 곰이 자주 등장한다는 특징이 있다. 두 여행자가 숲 속에서 곰을 만났는데 그중 하나가 길동무를 내버려두고 나무 위로 부리나케 도망가버려 뒤에 남은 사람은 죽은 척해서 살았다는 『이솝우화집』의 교훈적인 이야기도 떠오르지만, 러시아 민요나 민화, 속담에 곰이 등장하는 빈도를 보면 일본 구비문학에 너구리가 자주 나오는 것과는 비교도 안 될 정도다.

'잡지도 않은 너구리 가죽 셈하기'에 해당하는 러시아 속담은 '곰 잡기도 전에 가죽 쓸 궁리 먼저 한다'이고, '추녀의 끈끈한 애정'달갑지 않은 애정이나 호의를 뜻하는 관용어에 해당하는 것은 '곰의 친절'이다. 이것은 곰이 토끼 볼에 붙은 모기를 잡아주려고 친절하게 앞발로 쳤다가 토끼가 승천해버렸다는 우화시詩를 바탕으로 한다. 작자는 러시아의 이

숩이라고 불리는 이반 크릴로프.

실제로 사람들이 곰과 맞닥뜨릴 확률도 높았나 보다. 친근하면서 무섭고도 사랑스러운 동물, 그것이 곰이다. 곰쇼는 볼쇼이 서커스가 자랑하는 고정 레퍼토리요, 웨하스에 초콜릿으로 코팅한 인기 과자의 이름 '미시카'도 곰의 애칭이다. 초콜릿 색은 곰의 털색이다. 모스크바 올림픽의 마스코트도 미시카라 불리는 이 아기 곰 인형이었다. 국제 정치 만화에서 러시아인은 그 자체로 사납고 촌스럽고 멍청한 곰으로 곧잘 비유되곤 한다.

이러니 현대 러시아에 민간전승된 이야기 가운데 곰이 자주 등장하는 것도 어쩌면 당연하다. 예를 들어 이런 이야기를 보자.

어떤 남자가 여행길 아침에 숙소에서 가까운 숲을 산책하고 있는데 덩치 큰 곰과 딱 마주쳤다. 걸음아 날 살려라 하고 줄행랑을 쳤지만 곰도 바짝 뒤를 따라왔다. 뛰고 또 뛰어 다다른 곳은 아뿔싸, 벼랑 끝이 아닌가. 깎아 세운 듯한 절벽 아래를 내려다보니 아찔하다. 떨어지면 목숨이 남아날 것 같지 않다. 꼼짝 못하고 서 있자니 멀리 따돌린 줄 알았던 곰이 어느새 쫓아왔다. 남자는 이젠 끝장인가 보다 하고 저도 모르게 하늘을 향해 기도를 했다.

"아, 하늘에 계신 우리 아버지. 이 무서운 짐승에게 경건

한 기독교인의 영혼을 불어넣어 주시옵소서! 아멘."

그 말이 채 끝나기도 전에 곰이 남자 앞에 넙죽 엎드리곤 두 앞발을 가슴 근처에 모으더니 뭐라고 웅얼대기 시작했다.

"하늘에 계신 우리 아버지……"

어? 헛들었나? 어째 사람 말로 들리네. 저건 혹시 기도드리는 자세가 아닐까. 그럼 내가 올린 기도를 주님이 벌써 들어주셨단 말인가. 우와, 이건 기적이다. 이제 살았구나 싶은 마음에 남자가 속으로 쾌재를 부르고 있는 동안에도 곰은 기도를 계속했다.

"……맛있는 아침식사를 내려주셔서 감사하옵나이다. 아멘."

재미있는 이야기는 입에서 입으로 전해지고, 그렇지 않은 이야기는 사라지는 것이 구전문학의 이치다. 곰과 마주친 이야기 중에서도 앞의 이야기는 꽤 걸작이라고 생각했는데 러시아 사람들 대부분은 이 우스개를 몰랐다. 이에 비해 훨씬 재미없는 다음 작품은 웬일인지 내가 아는 러시아인은 거의 다 알고 있었다. 더구나 이미 내용을 알고 있을 텐데도 이 우스개만 나오면 졸도 직전까지 자지러진다.

남자가 숲 속에서 곰을 만났다. 곰은 당장 남자에게 물었다.

"넌 뭐 하는 놈이냐?"

"여행자인데요."

"아니, 여행자는 나다. 넌 여행자의 아침식사고."

늘 농담을 즐기는 러시아인들이 어째서 이런 싱거운 얘기에 아랫배가 흔들릴 정도로 숨이 넘어가는지 오랫동안 의아했었다. 그러다가 아무래도 '여행자의 아침식사'와 관련된 게 아닐까 하고 짐작하게 되었다. 그 발단이 된 건 다음과 같은 싱거운 이야기였다.

밀림 투어 참가자들은 첫날부터 불만을 터뜨렸다.

"모집 광고에는 아침식사도 포함된다고 하지 않았소. 도대체 어찌 된 거요."

"그래, 맞아. 우린 배고파요. 이건 사기 아니야?"

화가 치민 참가자들을 앞에 두고 가이드는 차분한 목소리로 이렇게 말했다.

"여러분, 숲 속에는 여기저기에 나무 열매와 버섯이 많이 있어요. 맑은 개울에는 물고기가, 나무 그늘에는 짐승들이 숨어 있고요. 아무튼 밀림에는 여행자의 아침식사가 지천으로 널려 있답니다."

'여행자의 아침식사'라는 단어에서 러시아인들은 또 까르르 웃음보를 터뜨렸다. 나와 내 통역을 들은 일본인만이 폭소에 동참하지 못했다. 내 러시아어 실력에 대한 믿음이 땅에 떨어지는 순간이다.

이리하여 내게도 절실한 문제라 열심히 조사해봤지만, 사전에도, 이반 크릴로프 우화집에도, 관용어구 사전에도, 고사성어 사전에도 '여행자의 아침식사'라는 어구는 실려 있지 않았다.

"도대체 여행자의 아침식사란 게 뭐지?"

러시아인 친구들에게 물어봤지만, 그저 "크크크크" 하며 터져나오는 웃음을 참을 뿐이었다. 이 말만 나오면 그네들은 우스워 죽겠는 모양이다. 그러나 마치 약속이라도 한 듯이 이유는 말해주지 않았다.

"그건 말야, 소련에서 생활을 해야 우스운 말이야. 모르는 사람한테는 이유를 설명해봐야 통하지도 않을 거고. 흐흐흐흐"

이런 식이라 어째서 러시아인이 '여행자의 아침식사'에 넘어가는지, 오래도록 그 이유를 알 기회가 없었다. 그러다가 모스크바대학의 스트리자크 선생님께 들은 우스개 하나로 의문이 풀렸다.

"일본의 어느 회사가 '여행자의 아침식사'를 우리 나라에서 대량으로 사들일 모양이라던데."

"아니, 그 맛없는 걸 먹는 국민이 러시아인 말고 또 있단 말야?"

"아니, 통조림 내용물 때문이 아니라 깡통 품질이 좋아서라네."

이로써 '여행자의 아침식사'라는 이름의, 맛없기로 유명한 통조림이 있다는 것을 알게 되었다. 어쩌면 퉁명스런 작명법까지도 소련답다. 보통명사가 그대로 상품 이름이 되다니.

내가 자주 다니는 가게는 무슨무슨 정육점, 아무개 술집, 성을 딴 생선집, 시곗방이라면 무슨 당, 이런 식으로 각각 고유한 이름이 있다. 하지만 사유재산을 인정하지 않는 사회주의 시절 소련에서는 가게마다 이름은 없고 간판에 그저 '고기' '술' '생선' '시계'라고 보통명사만 멋없게 덩그러니 씌어 있을 뿐이었다. 아무튼 '붉은광장'과 마주한 장엄하고 화려한 건물에 있는 백화점조차 이름이 GUM(국립백화점의 이니셜)이다. 상품 이름도 마찬가지. 괜스레 구매의욕을 부추기지 않도록 퉁명스럽기 짝이 없다. '여행자의 아침식사'라는 통조림 이름 역시 생산을 신성시하고, 상업 특히 판매 촉진 노력을 죄악시하는 금욕적인 사회주의적 미의식을 반영한다.

그렇다면 꼭 한번 먹어봐야겠다 싶어 언젠가 러시아 출장길에 슈퍼마켓에 들러보니, 있었다! 쇠고기 맛, 닭고기 맛, 돼지고기 맛, 양고기 맛, 게다가 생선 맛까지 다섯 가지나 있는 게 아닌가. 맛과 모양은 고기를 콩이나 채소와 함께 삶아 굳힌 것 같은데, 내용물이 그리 곱게 다져지지는 않았다. 맞다, 이건 딱 강아지용 통조림 아닌가. 여기에 빵과 음료만 있으면 일단 영양은 고르게 섭취할 수 있겠다. 맛은…… 하루 종일 아무것도 못 먹고 산속을 헤매다가 곯은 배를 움켜쥐고 밤을 지새운 이튿날 아침에 먹는다면, 혹시 맛있다고 느낄지도 모르겠다.

이 원고를 쓰기 위해 한 번 더 먹어보려고 모스크바에 주재하는 특파원이나 상사에 근무하는 친구들에게 부탁했더니, 그들 말로는 요즘은 통 안 보인단다. 시장경제로 이행한 뒤로 안 팔리는 통조림 생산을 그만두었나 했는데, 인기 잡지 〈아가뇨크〉 2001년 5월 호에 배우 이고르 야슬로비치가 기고한 「20세기 박물관 특집」이라는 기사에서 이런 글을 발견했다.

'여행자의 아침식사'를 모르는 사람은 없으리라. 아마도 곡물 녹말과 어떤 삶은 고기를 으깨 섞어 만든 것으로, 한 숟갈 떠먹어서는 재료가 무엇인지 도통 알 수 없다. 이름으로 보아 소풍이나 여행지에서 먹는 음식으로 만들었을 것이다. 여행자는 많다. 하지만 여행지에 '여행자의 아침식사'를 가져갈 사람은 없었다. 왜냐고? "그야, 배낭이 가득 차서 안 들어가지롱" 하는 노래가 당시 유행한 걸 보면 알 만하다. 인기가 없었던 이유는 그뿐 아니다. 고백하건대 실은 나도 그 속에 무엇이 들어 있을까 하는 일말의 의심과 불안감을 품고 있었다. 아마도 '여행자의 아침식사'가 저렴한 이유는 품질이 낮기 때문이리라. 그리고 사람은 집에서 멀어지면 멀어질수록 자기 배를 챙기는 법이다. 집에서도 밖에서도 이 통조림을 찾지 않는 이유는 그 때문이다. 그런데도 사회주의 계획경제 아래에서는 결코 생산을 멈추지 않았다. 사람들의 자유의사에 맡기면 안 팔리니 다른 인기 상품과 묶어 판매하였다. 1990년대에도 보였으나, 그 뒤 극단적인 물자 품절 시기를 맞자 다른 식품과 함께 식료품 진열대에서 자취를 감추곤 두 번 다시 나타나지 않았다. 뒤에 남은 것은 곰이 숲 속에서 마주친 여행자에게 "너야말로 여행자의 아침식사다"라고 말했다는 그 우스개뿐이다.

이 글을 읽고 나서 비로소, 그 동화풍 우스개의 반전 부분이 맛없는 통조림 이름과 우연히 일치한 것이 아니라, 원래 있던 인기 없는 통조림을 야유하려고 일부러 만들어낸 얘기라는 사실을 알고는 조금 감동했다. 그들은 맛이 없어 통 안 팔리는 통조림을 계속 생산하는 데 드는 막대한 낭비와 헛수고를 멈추고 맛을 개선하려 노력하기보다, 생산과 판매를 방치한 채 풍자하고 야유하는 우스개를 만드는 쪽에 노력을 아끼지 않는다. 러시아인의 기막히게 비생산적인 열정, 그야말로 지극히 문학적인 재능에 감탄을 금치 못하겠다.

내친김에 맛없는 걸 하나 더 들자면 '토마토에 삶은 다시마'라는 통조림이 있다. 고르바초프 정권 말기 극도의 물자부족 상황으로 슈퍼마켓 진열대가 텅텅 비어도 이것만큼은 팔리지 않아 산더미처럼 쌓여 있었기에, '이거야말로 진짜 맛없을 거 같다'는 확고한 신념을 가지고 사보았다. 그래도 통조림을 따려 손을 놀리면서 실낱같은 기대가 없었다면 거짓말이다.

"혹시, '토마토에 삶은 다시마'를 고안한 상품개발자와 제조하기로 결정한 공장책임자는 시식을 거듭하며 맛있다고 생각했을지 모를 일이니까."

하지만이라 할까 역시나라 할까, 정말 기막히게 맛이 없었다. 미각의 차이, 이런 미지근한 표현으로 해결이 안될 정도도. 그 뒤 이 또한 생산라인에서 빠졌는지 상점에서 보이지 않게 되었다.

맛없는 통조림 얘기만 늘어놓아 죄송하다. 물론 "이건 횡재다!" 하고 탄성을 올릴 만큼 싸고 맛있는 통조림을 찾아낸 적도 있었다. 대표적인 것이 '대구 간' 통조림이다.

미식가를 자처하며 프랑스통이라고 거들먹대는 친구에게 이 통조림의 정체를 숨기고 화이트와인을 곁들여 낸 적이 있다. 그는 이것을 프랑스 빵에 듬뿍 발라서 한 입 먹더니, 만족스러운 미소를 띠며 이렇게 말했다.

"Pas mal(나쁘지 않네). 이 푸아그라 꽤 괜찮은데."

그 뒤, 우리 집을 방문한 손님들에게는 이 음식을 푸아그라라며 내놓기로 했다. 다행히 푸아그라는 태어나서 한 번도 먹어본 적이 없다는 사람이 대부분이라 아직 탄로난 적은 없다. 사실 나도 두 번밖에 먹어본 적이 없는지라, 얼마나 진짜 같은지 장담할 자신이 없다.

요즘 물의를 일으키는 상품 허위 기재로 지적을 받을까 두렵긴 하지만, 푸아그라 통조림의 100분의 1 이하 가격으로 같은 효과를 본다면 그만둘 수 없지. 그야 이걸로 돈벌이를 하면 당장에 사기죄가 되겠으나 우리 집에 오는 손님이 만족한다면야 만사 오케이다.

이런 일종의 '기업비밀'을 왜 지금 새삼스레 고백하느냐 하면 요즘 '대구 간' 통조림이 통 보이지 않기 때문이다.

러시아 식품점에는 요즘 들어 겉만 말끔한 수입식품들이 내로라하고 나와 있다. 멋없고 촌스럽지만 자기 존재를 묵직하게 뽐내던 러시아의 통조림들이 시장자유화라는 이름 아래 서서히 사라져가고 있는 것이다.

일이 이렇게 되고 보니, 대구 간 통조림은 물론이요, '여

행자의 아침식사'며 '토마토에 삶은 다시마'마저도 그리워
진다.

보드카 소송

"보드카를 가장 맛있게 마실 수 있는 이상적인 알코올 농도는 39도도·41도도 아닌 딱 40도. 이 세계적이며 역사적인 대발견을 한 사람은 멘델레예프로, 고등학교 교과서에도 늘 이름이 등장하는 화학원소 주기율을 발견한 화학자다." 이런 글을 『러시아는 오늘도 먹구름ロシアは今日も荒れ模』에 썼더니, 여러 사람들이 출처를 문의해왔다.

러시아에서는 18세기 중엽부터 술에 관한 책이 쏟아져 나왔다. 내가 가지고 있는 책도 두 권에 한 권 꼴로 멘델레예프를 다루고 있다(이를 그대로 믿고 나도 그렇게 썼다)고는 하나, 언제 어디서 어떻게 전개되었는지, 구체적인 근거는 전혀 나와 있지 않다. 어떤 책을 뒤져봐도 보드카가 인간과 사회에 가져다준 재미있고 우스운 일화만 예로 소개하는 데 치우쳐 있고, 화학적·물리적 물질로서의 보드카에 대해서는 거의 무관심했다. 러시아인에게는 기초

상식이라 문자로 쓸 필요도 없어서 그런가 싶어, 안면 있는 박식한 러시아인들에게 물어보고 다녔다. 그런데 다들 허를 찔린 듯한 머쓱한 표정으로 "글쎄, 그런데 그게 왜 궁금한데?"라며 도리어 나를 면박하는 게 아닌가.

그럼 멘델레예프 얘기는 헛소문이었나? 아무래도 걱정스러워 사전류를 닥치는 대로 뒤져보았는데도 국민 음료인 보드카의 탄생 시기며 장소에 관한 언급은 거의 없거나, 설령 다루고 있더라도 사전답지 않게 애매모호한 설명뿐이었다.

보드카에 관한 책은 앞서 쓴 대로 인간과의 관계(술꾼이나 알코올 중독 현상)에 대한 것들뿐이라 의문을 풀어보려는 마음이 슬슬 꺾여가던 차에, 포흘레브킨W. Pokhlebkin의 역작 『보드카의 역사A History of Vodka』(1990년 초판, 1994년 재판 출간. 1992년에 영국에서 번역 출간되어 대호평을 받았다. 랑게 체레토 상—술의 역사에 관한 저작에 주는 권위 있는 상으로, 심사위원은 이탈리아·영국·프랑스·독일 각국 대표로 구성된다—을 비롯해 8개 상 수상)라는 책을 알게 되었다. 이 책을 본 목적은 보드카의 탄생 시기와 장소를 찾는 것이었으나, 책에 담긴 절절한 사연이 흥미로웠다.

1977년 서양의 몇몇 기업이 보드카의 제조 특허와 보드카라는 명칭 사용에 관해 배타적 우선권을 주장하며,

소련산産 보드카를 시장에서 밀어내려는 움직임을 보였다. 소련 기업보다 자신들이 보드카 제조를 더 먼저 시작했다는 것이다. 소련에서는 소비에트연방 집행위원회·인민위원평의회가 채택한 1923년 8월 23일 자 조례가 발효된 뒤 제조하기 시작했지만, 자신들은 이미 1918년에서 1921년에 걸쳐 보드카를 만들어 팔고 있었다고 주장했다.

확실히 이 무렵 유럽과 미국에서는, 러시아에서 망명한 러시아 기업가들이 보드카 제조회사(스미노프나 고르바초프, 에리스토프나 게글레비치 등)를 설립하고 있었다. 소련 정부는 1917년 12월 1일부터 국내에서 보드카 제조를 금지했고, 이 금지령은 6년쯤 뒤인 1924년에야 풀렸다는 것이다.

그러나 이 보드카 제조 및 판매 금지조례는 1917년 11월 사회주의혁명으로 탄생한 정부보다 앞선 제정러시아 정부가 제1차 세계대전 기간 중에 제정했다. 이를 1917년 2월에 생긴 임시혁명정부가 계승하여 보드카 및 알코올 음료 제조 및 판매에 관한 금지령 적용기간을 연장했을 뿐이라고 증명하는 것은, 법적 절차로든 사료로든 극히 쉬운 일이었다. 이는 거꾸로 새 정부가 보드카의 제조 및 판매에 관한 국가의 배타적 독점권을 계승하고 있다고 증명하는 꼴이 되었다. 1923년 8월 23일이라는 날짜는 러시아 보드카의 생일이 아니다. 생일은 적어도 망명자들이 보드카 제조를 시작한 1918년보다 훨씬 이르다는 것을 법적으로나 국제적으로 인정받게 되었으니 소송은 일찌감치 취하되었다.

그러나 숨 돌릴 틈도 없이 같은 해인 1977년, 이번에는 같은 사회주의 나라인 폴란드 정부가 헤이그 국제법정에 소송을 걸었다. "보드카의 고향은 폴란드이며, 다른 나라 증류주에 보드카라는 상표명을 사용하는 것은 위법이다."

이미 16세기 중엽에 폴란드 왕국령 안에서 제조가 시작되었다는 것이다. 소련 정부로서는 아군에게 뒤통수를 맞은 기분이었으리라. 그래도 당초에는 별로 심각하게 받아들이지 않았다. '보드카가 러시아에서 태어났다는 건 온 세상이 다 아는 일'이라는 근거 없는 자신감에 느긋했던 것이리라. 그러나 다른 유럽산 증류주를 보면 무엇이든 제조 기원에 관해 번듯한 역사적 자료가 뒷받침되어 있다. 코냑의 제조 연도는 1334년, 잉글랜드의 진과 위스키는 1485년, 스코틀랜드 위스키는 1490~1494년, 독일의 바인브란트는 1520~1522년이라는 식이다. 세계시장에서는 막연한 국민감정이나 전통 따윈 통하지 않는다. 그러니 신뢰할 수 있는 자료와 법적으로 설득력 있는 증명이 필요했던 것이다.

1978년 국제중재재판소는 소련과 폴란드 양쪽 정부에게 1년의 유예기간을 주었다. 이에 소련 과실果實제품 수

출입공단은 국립연구소 두 곳에 조사를 의뢰하여, 이듬해 1979년 봄 『보드카의 역사』의 바탕이 되는 자료를 완성한다. 심의 결과, 1982년 국제법정은 폴란드의 소송을 기각하고, 보드카를 러시아 고유의 알코올 음료로서, 세계시장에서 보드카의 상표를 쓸 수 있는 배타적 권리를 인정했다. 이리하여 보드카의 고향은 러시아이며, 태어난 해는 1446년이라는 국제적인 인증을 받았다.

당시에는 '보드카'라는 말이 일반적으로 곡주를 증류한 음료를 가리키는 명칭이 된 지 겨우 150년밖에 되지 않은 터라, 고문서 조사는 난항에 난항을 거듭했다. 그 과정에서 보드카가 제조되는 필요충분조건인 주조 기술 발전의 추이와 어원학적 조사, 두 가지 방면으로 시간 축을 거슬러 추적했다. 그 결과, 잘 짜인 추리소설 같은 재미있는 연구가 되었다.

14세기 말에 제노바의 상인이 포도주를 증류한 아쿠아비타Aqua Vita를 처음으로 러시아에 들여갔지만 아무도 주목하지 않았다. 15세기 초엽에는 피렌체에서 모스크바 공국으로 아쿠아비타를 대량으로 들여오자 공국 정부는 이 음료가 유해하다며 수입을 금지한다.

1446~1447년, 러시아 황제는 국산 호밀로 만든 술의 증류(보드카의 제조)를 시작함과 동시에, 보드카뿐 아니라 맥주며 꿀 등의 주류 및 음료의 제조 및 판매를 국가의

독점 사업으로 정했다.

『보드카의 역사』에 따르면 현대에 이르기까지 러시아에서는 술의 제조 및 판매가 기본적으로 국가의 독점 아래 있었다. 기묘하게도 일시적으로 자유화된 시기는 이반 대제 시절 뒤의 혼란, 표트르 대제가 권력을 장악하기까지의 동란, 제1차 세계대전에서 10월 혁명 후의 내전기, 소련 붕괴 뒤 옐친 시대 등의 격동기와 겹치고 있다.

> 국가의 보드카 독점은 언제나 강력하고 견고하며 안정된 권력, 안정된 사회상의 증거였다. 정치적 안정이 흔들리면 보드카는 '통제를 벗어난다.' (…) 보드카는 사회의 안정도를 알리는 뛰어난 지표였다.
>
> —『보드카의 역사』

19세기 말, 러시아 정부는 보드카 제조 및 판매를 시작한다. 15세기부터 헤아려보면 네 번째 독점이 된다. 그 준비과정에서 보드카 제조기술 향상을 위해 멘델레예프 박사에게 성분비율을 밝혀달라고 의뢰한다.

당시 보드카는 대개 물과 알코올의 비율이 1대 1로, 이때의 알코올 도수는 41~42도(물과 알코올의 혼합액에서 알코올의 중량비) 정도다. 물과 섞인 알코올이 응고하기 때문이다. 따라서 섞기 전의 알코올 비중은 응고로 인해, 혼합

뒤의 비중과 같지 않다. 그 때문에 멘델레예프는 조금씩 비중을 바꾸어 계속 시음을 한 끝에, 1리터의 보드카가 953그램일 때 알코올 도수는 40도가 되며 맛이 눈에 띄게 좋아진다는 사실을 발견했다. 951그램으로는 41도, 954그램으로는 39도가 되어 어느 쪽이든 맛이며 인체에 대한 생리 작용이 나빠진다. 러시아 정부는 1894년, 이 멘델레예프 이론을 바탕으로 보드카의 이상적인 성분비율에 대한 특허를 취득했다. 더욱이 멘델레예프는 당시 호밀 증류수를 뜻하는 여러 명사 중에서 '보드카'야말로 가장 걸맞은 이름이라고 강력하게 주장했다. 이렇게 하여 이상적인 비율을 발견한 것뿐 아니라, 보드카가 오늘날의 보드카가 될 수 있었던 것도 모두 멘델레예프 덕분이라는 말이다.

포흘레브킨의 이런 주장에 이의를 제기한 사람이 있었다. 상트페테르부르크대학 부속 멘델레예프 문서관·박물관의 I. S. 드미트리예프 박사다. 그는 우선 포흘레브킨에게 논지를 뒷받침할 자료를 제시해달라고 편지를 썼는데, 포흘레브킨은 편지로 답하지 않고 당장에 〈아가뇨크〉지에 "멘델레예프 전문가요, 화학박사라는 자가 모르고 있다니!" 하고 격앙된 반론을 실어버렸다. 당연히 드미트리예프 박사도 〈과학사·기술사의 여러 문제〉지에 반론을 실었다. 더욱이 이 지면에는 드미트리예프 박사에 힘을 실어주는 논지로, L. B. 본다렌코가 「러시아에서의 알코올 도수 측정법의 변천에 대하여」라는 논문을 실었다.

1997년에서 1999년에 걸쳐 계속된 이 논쟁을 열심히 지켜본 일본인 학자가 있었다. 도쿄공업대학에서 과학사를 가르치는 가지 마사노리로, 그는 이렇게 결론지었다.

"멘델레예프가 보드카의 도수를 40도로 결정했다는 것은 사실이 아니다. 또 보드카가 40도일 때 특히 맛이 좋아진다는 생리학적인 연구를 했다는 증거도 없다. 물론 멘델레예프는 1865년에 무수無水 알코올을 제조하여 그것으로 물과 알코올 혼합액의 비중을 상세히 측정했으며, 당시 적당한 알코올 비중계를 선정하기 위한 위원회에도 참가했다. 그러나 세율을 정하기 위한 기초적인 비중표로서의 멘델레예프 데이터는 러시아에서는 채택되지 않았다. 오히려 오래전부터 써오던 독일 학자 트랄레스의 표가 채택되었다고 한다. 결론적으로 포홀레브킨의 설은 1860년대의 멘델레예프의 활동과 박사논문으로 미루어 상상력을 보탠 것으로 보인다."

그러니까 보드카의 이상적인 알코올 비가 40도라는 멘델레예프의 발견은 완전히 속설이요, 그저 헛소문이었다는 말이다.

그래도 멘델레예프가 보드카에 상당한 열정을 기울여 관여했다는 것은 엄연한 사실이며, 러시아를 대표하는 술에 러시아를 대표하는 화학자를 엮고 싶어 하는 러시아인의 심정 또한 이해할 만하다. 보드카에 쏟아붓는 그네들의 넘치는 정열은 도대체 어디서 나오는 것일까? 많은 러시아인 지인을 두었고 여동생이 러시아의 유력 하원의원인, 러시아 연구의 1인자 하카마다 시게키 씨까지도 그 정열에 빠진 한 사람이다.

> 러시아에서는 그 어떤 자리에서든 보드카 한 병만 내오면 분위기가 확 바뀌며 별천지가 된다는 사실을 나는 잘 알고 있다. 그럴 때는 술병에서 요상한 후광이 뻗친다. 이 후광이 보이지 않는 자는 러시아를 말할 자격이 없다고 나는 굳게 믿고 있다.
>
> ─『러시아는 오늘도 먹구름』「해설」중에서

이 요상한 후광의 원천은 도대체 무엇일까? 보드카를 향한 정열의 배경은? 오랫동안 품어온 이 수수께끼를 풀어줄 책을 찾았다. 영국인 연구자 스미스[R. E. F. Smith]와 크리스천[D. Christian]이 쓴 『빵과 소금』이라는 책이다. 영국인 연구자가 쓴 '러시아 식생활의 사회경제사'(이 책의 부제)를 왜 굳이 일본어로 번역까지 했나 싶었던 의구심을 한 방에 날려버리는 명저다.

『빵과 소금』에서는 연대기와 각종 공문서, 통계 자료를

비롯해 외국인의 여행기, 더욱이 다이코쿠야 고다유의
『북사문략北槎聞略』18세기 말 태풍으로 러시아에 표류한 선원 다이코쿠야 고다유가
러시아에 체재하면서 겪고 본 지리, 풍토, 음식 등을 구술한 지리서에 이르기까지
방대한 자료를 언급하고 있고, 그 인용 하나하나가 재미
있다. 특히 러시아 농촌에서 보드카가 경제적 측면에서보
다 축제에서 얼마나 큰 몫을 차지하는지 묘사한 부분이 백
미다.

"축제일의 음식 대부분이 그런 것처럼, 알코올은 영양
소가 되는 동시에 사회적인 의미도 있었다. 속담에 따르
면 '마시고 춤추는 것은 남을 위해, 먹고 자는 것은 자신
을 위해', '빵이 없으면 일을 못하고, 보드카가 없으면 춤
을 못 춘다.'"

"제초, 탈곡 또는 가옥 건축재의 운반 등 긴급한 일을
처리해야 할 때면, 가장은 되도록 많이 일손을 불러 모은
다. 일한 사람들에게 품삯을 주지는 않지만, (…) 하루 일
이 끝나면 거한 식사를 차리고 화주火酒를 내온다. 이는
돈으로 일삯을 받는 것보다 훨씬 환영받는다." 이것이 농
촌공동체의 상호부조를 상징한다는 것이다. 동시에 "사람
들은 협동노동으로 열심히 일하고 이에 따른 대접도 좋
아, 그 분위기는 마치 축제와 같았다'라고 전한다.

"(일손을 부탁한) 여주인은 보드카를 내오고 파이를 굽
고 한껏 솜씨를 발휘하여 최선을 다해 대접한다. 참가자

는 언제나 열심히 일했고, 특히 여자들은 그렇다. 일은 웃음소리, 농담, 노래, 즐거운 분위기 속에서 흘러간다. 일 자체가 무슨 장난치는 것처럼 진행된다. 이는 '노동'이 아닌 '돕기'라고 불린다."

이 책은 그 뒤 사회주의적 화폐경제가 침투하면서, 이런 공동체적인 인간관계가 붕괴해가는 모습까지 눈에 선하게 전해준다.

러시아인은 보드카를 앞에 두면 당장에 몸과 마음에 배어 있는 먼 조상의 기억이 꿈틀거리며 밖으로 나와, 공동체적 축제의 세계로 되돌아가나 보다.

"러시아 사람들만큼 이상적인 술친구도 없지. 하지만 비즈니스 파트너로는……."

이는 은퇴한 어느 일본 비즈니스맨의 말이다.

오, 캐비어!

몇 년 전 일이다. 파리의 어느 레스토랑에서 젊은 러시아 남자 A가 상해사건을 일으켜 체포되었다. 그가 프랑스 주재 러시아 대사관 직원에게 "난 민족차별을 당했다"라며 눈물로 항의하는 바람에 언론매체들이 몰려들었지만, 사건의 전말이 밝혀지면서 차츰 가라앉았다. 얼마 뒤 이 사건이 정리되어 각 신문의 지면을 장식했다. 아래는 그 기사를 재현한 사건의 전모다.

늘 동경해오던 파리에 애인과 함께 온 A. 그는 시내관광길에 문제의 그 레스토랑에 들렀다. 애인에게는 무조건 자기한테 맡기라며 안심시켰지만, 실은 A는 프랑스어를 전혀 못했다. 옆자리에 앉은 프랑스인 커플이 주문하는 대로 흉내 내면 어찌 되겠지 하는 심산이었다. 옆자리의 신사는 우선, "레 쥐트르, 실 부 플레Les hutres, s'il vous plaît"라고 했다. 그러고 나니, 금세 웨이터가 먹음직한 생굴을 내오는 게 아닌가. A는 옳거니 하고 좀 전에 신사에게 들은 말을 따라했다.

"레쥐트르실부플레."

조금 걱정은 되었지만 금세 같은 요리가 나왔다. A의 애인은 환호성을 지르고 좋아하면서, 맛있다, 정말 맛있다 하며 먹어댔다. 이렇게 신선한 생굴을 먹기는 그도 태어나서 처음이었다.

귀를 쫑긋하고 있자니, 옆자리 신사가 이번에는 "포타주 두 주르, 실 부 플레Potage du jour, s'il vous plait" 하고 주문했다. 곧 수프가 나오는 것을 확인하자 A도 좀 전에 신사가 한 대사를 반복했다.

"포타주두주르실부플레."

조금 기다리기는 했지만 옆 테이블과 다름없는 수프가 나왔다. 자신을 보는 애인의 눈에 존경심이 어려 있는 것 같아 쑥스럽다. 그런 그렇고, 어쩜 이렇게 맛있을까. 또, 희한하게도 옆자리 커플은 어쩌면 이렇게 우리랑 취향이 같은 거지? 그러는 사이 옆자리 신사가 "레페테, 실 부 플레Répéter, s'il vous plait"라고 했고, A는 거의 자동적으로 따라했다.

"레페테실부플레."

이윽고 옆자리에는 어린 양고기 허벅지살 같은 것이 나왔는데, A 커플 자리에는 지금 막 먹은 것과 똑같은 수프가 나왔다. 도대체 왜? 똑같이 주문했는데 어째서 프랑스인에게는 양고기요, 러시아인에게는 수프가 나왔지? A는 어이없는 차별대우에 욱하는 마음이 치밀었지만 말이 안 통하니 울며 겨자 먹기로 주 요리를 포기하고 수프를 마셨다. 양고기를 다 먹은 옆자리 신사는 또 이렇게 말했다.

"레페테, 실 부 플레."

그랬더니 또 같은 요리가 나오는 게 아닌가. A는 방금 들은 대로 나름 또박또박 따라해 보았다.

"레페테, 실 부 플레."

그런데 눈앞에 나온 것은 또 같은 수프였다. 부아가 치민 A는 옆에 있던 나이프를 쥐고 웨이터에게 달려들었다.

왜 이런 일이 벌어졌을까? 대강 짐작이 간다. 옆 신사가 수프를 다 먹고 나서 "지고 다노, 실 부 플레Gigot d'agneau, s'il vous plait"라며 다음 요리를 주문한 것을, 때마침 A의 자리에 수프가 나오던 참이라 A가 못 듣고 놓친 것이리라. 이것이 첫 번째 불행이다. 두 번째 불행은 옆 신사가 양고기 요리를 두 번이나 반복(레페테)해서 시킨 점이다. 그리고 세 번째 불행은 물론 A가 잘난 척하고 할 줄도 모르는 프랑스어를 아는 척한 점이다. 아니, 이건 A뿐 아니라 많은 러시아인의 불행이기도 하다.

톨스토이의 『전쟁과 평화』며 투르게네프의 『귀족의 보

금자리』등, 19세기 러시아 귀족사회를 그린 소설을 읽다 보면 다른 문장은 러시아어이지만 작중 인물들의 대화는 종종 프랑스어 원문으로 실려 있다. 지금은 독자를 위해서 그런 프랑스어 문장에 각주로 러시아어 번역이 달려 있지만, 당시 초판에는 번역되지 않고 원어 그대로 실린 모양이다. 소설을 읽을 정도의 독자라면 프랑스어도 당연히 구사했나 보다. 당시 러시아 귀족들에게는 원어민처럼 프랑스어를 구사하는 것이 기본적인 교양이었고, 신흥 부르주아들은 자식들에게 필사적으로 프랑스어를 배우게 함으로써 귀족이라도 된 듯이 다른 서민들과 차이를 두려 했다. 프랑스어 소양은 원어민 가정교사를 집에 고용할 정도의 재력이 있다는 증명이자, 계층의 상징이었던 것이다.

마치 일본 중세시대 귀족들이 앞선 중국문화를 선망했듯이, 러시아인은 프랑스어와 프랑스 문화에 대한 동경과 더불어 열등감을 느꼈던 것이다. 프랑스 문화에 대한 열등감 유전자는 현대 러시아인에게도 깊숙이 박혀 있다. 이것이 네 번째 불행이다.

이 사건을 알려준 지인 타티아나는 "그 상황에 처한 A가 당장 차별이라고 느낀 피해의식 뒤에는 깊은 열등감이 있다고 봐"라고 평했다. 시장자유화로 미국 문화가 대거 흘러든 러시아에선 요즘, 영어 'Inferiority Complex'를 그대로 직역한 '열등감'이라는 단어가 유행하고 있다고 한다.

"아니, 하나 더. 다섯 번째 불행도 있다고 봐."

나도 모르게 중얼거리자 타티아나는 의외란 듯이 반응했다.

"뭔데? 아직 더 있어?"

"불행이라는 말이 적절하지 않을지도 모르지만, 19세기 초에 프랑스가 러시아식 서비스만 받아들이지만 않았어도……."

그러자 타티아나는 납득이 간다는 듯이 말을 이었다.

"맞아, 프랑스식 서비스였다면 이런 사건은 절대로 일어나지 않았겠지."

지금 프랑스 요리는 전채→수프→메인 요리→치즈→디저트순으로 음식이 한 접시씩 나온다. 『신 라루스Larousse 요리 대사전』에서 '서비스' 항목을 찾으면 이런 상차림이 러시아식 서비스라고 나와 있다. 19세기 초까지는 프랑스식 서비스가 주류로, 모든 요리를 한꺼번에 식탁에 올렸나 보다. 손님은 자기 마음에 드는 것부터 마음대로 먹으면 되니 웨이터에게 일일이 주문할 필요도 없었다. 일본에 처음으로 프랑스 요리와 그 문화를 본격적으로 소개한 쓰지 시즈오辻靜雄는 이를 다음과 같이 설명한다.

프랑스식 서비스에서는 많은 요리를 같이 차리니, 뜨거운 것은 뜨거울 때, 찬 것은 찰 때 먹을 수가 없다. 보기엔 호화롭고 거창하지만 결점도 많았다.

—『쓰지 시즈오 저작집』

그러다가 19세기 초, 러시아 황제의 사신 클라킨 대공이 파리에 주재하면서 러시아의 전통적인 식사법이 알려지기 시작한다.

러시아식 서비스란 한마디로 말해, 식사하는 동안 식탁 위에 올려도 좋은 것은 디저트와 꽃과 식탁 장식뿐이다. 요리는 한 접시씩 내오는 것을 이름이요, (…) 오늘날 우리가 프랑스 식사법이라 알고 있는 것도 이런 러시아식 서비스다.

—같은 책

찬 건 차게 뜨거운 건 뜨겁게, 가장 맛있는 상태로 내오는 방식이 합리적일 테니, 프랑스의 구식 서비스는 급속히 도태되어갔다. 또한 단순히 서비스뿐 아니라 프랑스 요리 자체에도 혁명적인 변화를 일으켰다고 쓰지 시즈오는 설명하고 있다.

쓰지 시즈오도 그렇고『신 라루스 요리 대사전』도 그렇고, 프랑스 문헌을 살핀 다른 정보에서도 러시아식 서비스의 보급을 클라킨 대공의 공적으로 꼽고 있다.

당연히 러시아 측 문헌에서 이를 자랑 삼을 줄 알았는데, 정작 러시아에서 러시아식 서비스를 전파시킨 것은 그 무렵 프랑스 굴지의 유명 요리사이자 연구자, 문필가로 유명한 마리 앙투안 카렘Marie Antoine Carême과 그 제자들이라고 한다.

18세기, 러시아 지배층의 식탁은 요리뿐 아니라 서비스도 프랑스식 중심이었다. 따라서 프랑스에서 러시아식 서비스가 유행하기 시작한 1810년경, 러시아 귀족의 대다수는 아직도 프랑스식 서비스를 선호하고 있었다. 그러나 1815년, 러시아를 방문한 카렘은 잠시 체재하는 동안 러시아 전통 요리와 서비스 방식을 복원하는 작업에 착수했다. 이에 자극받아 18세기 이전의 요리가 몇 가지 부활했고, 서비스 방식도 전통적인 방식으로 되돌아갔다고 한다.

러시아에 잠깐 머무는 사이 카렘은 러시아 요리를 상세하게 탐구하여 장점을 평가하고, 수입 재료나 외래 조리법보다 전통적인 식재료와 조리법을 찾는 방향을 제시했다. 러시아의 카렘 계승자들은 스승이 시작한 개혁을 계속 추진했다. 개혁은 우선 식탁에 요리를 내오는 순서에서 시작되었다. 18세기에 도입된 프랑스식 서비스로 인해 모든 요리가 식탁에 한꺼번에 올라왔지만, 한 접시씩 내오는 러시아 본래의 서비스로 되돌아갔다. 그와 동시에 요리 가짓수도 5~6가지로 줄였으며, 식욕을 돋우는 가벼운 요리와 푸짐한 요리를 번갈아 내오게 되었다.

—W. 포홀레브킨, 『소련의 민족요리』

이런 예비지식이 있는 사람들이 처음으로 러시아인이 연 파티에 초대받으면 모두가 입을 모아 이런 질문을 쏟아낸다.

"어? 이건 러시아식 서비스가 아닌데? 아직도 프랑스식이 남아 있었나?"

무리도 아니다. 몇 종류나 되는 음식이 식탁이 비좁을 정도로 올라와 있으니 말이다. 사실은 모두가 차가운 전채 요리였으나, 대개 일본인이 먹을 만큼 먹었다 싶을 무렵부터 따뜻한 전채, 수프, 생선 요리, 고기 요리가 한 접시씩 꼬리를 물고 나오니 다들 눈이 휘둥그레진다.

이 차가운 전채 요리의 단골 메뉴 중에 삶은 철갑상어 고기가 있다. 요리법에 문제가 있는지 혀에 닿는 감촉이 퍼석퍼석하고 묘한 석유 냄새가 나서, 일본인들은 대개 불평을 늘어놓는다.

"뭐야, 이건?"

한술 입에 넣고는 다들 뜨악한 얼굴이다.

"캐비어(철갑상어의 알)의 아비잖아요. 아니, 어미인가?"·

"캐비어? 혹시 그 블랙 캐비어?"

블랙 캐비어는 트뤼프버섯의 일종, 푸아그라와 함께 '세계 3대 진미'이자 '식탁의 꽃'으로 불린다. 도쿄의 고급 식료품점에서 단 128그램에 2만 엔을 호가하는 사치품이다. 이 말을 하면 다들 조금 솔깃해져선 다시 입에 댄다. 그러곤 찡그린 얼굴로 "맛은 죄다 알이 가져가버렸나 보네" 한다.

알은 특히 흑해와 카스피해에서 난 것이 귀한데, 소련 시대나 지금이나 러시아로서는 귀중한 외화벌이 수출품목이다. 단순히 맛만 있는 게 아니라 거금이 오가니 '검은 다이아몬드'로 받들어 모신다.

그런데 제2차 세계대전 뒤 러시아에서 중공업화를 추진하면서, 캐비어의 부모는 갖은 천대를 받았다. 철갑상어는 연어나 송어, 청어처럼 제가 태어난 강을 거슬러 올라가 산란한다. 그러나 미국을 따라잡자고 건설한 공장에서 쏟아져 나오는 폐수로 하천과 바다가 오염됐고, 더욱이 카스피해로 흘러드는 볼가강 등의 하천 유역을 따라 많은 발전소가 건설되면서 철갑상어는 산란할 곳을 잃었다. 게다가 1970년대에 들어서 카스피해의 수위가 급격히 낮아졌다. 철갑상어는 원래 실러캔스고생대 물고기의 한 종류와 같은 세대로 3억 년 전에 나타난 고대어이니, 지금까지 남아 있다는 것 자체가 하나의 기적이다. 그런 생물이 급격하게 줄어드는 사태가 빚어진 것이다.

다급해진 소련 정부는 자원이 고갈되는 것을 막기 위해 포획량을 조정하거나 양어장에서 기른 치어를 방류하는 등 여러모로 손을 쓰며, 철갑상어 생태조사에 본격적으로 나섰다.

철갑상어는 강을 거슬러 올라가 산란하지만 연어나 청어와 달리 산란 뒤에도 죽지 않는다. 주기적으로 산란을 되풀이하며 100년도 넘게 사는 장수어다. 그 때문에 산란할 수 있는 성어成魚로 성장하기까지는 10년 혹은 그 이상 걸리기도 한다. 그러나 죽인 뒤 배를 갈라 캐비어를 빼내고 버려진 모체는 삶거나 튀겨져 사람 배 속에 들어갈 운명에 처한다. 산란 뒤에도 몇 번이나 캐비어를 낳을 것을 생각하면 얼마나 아까운 손실인가. 이에 주목한 연구자들은 모체를 죽이지 않고 일시적으로 기절시켜 제왕절개로 캐비어를 꺼낸 뒤, 개복부에 특수 섬유를 이용한 지퍼(일본이 자랑하는 YKK가 개발 제조)를 달아, 한 성어가 여러 번 산란하게 할 방법을 찾았다고 한다.

물론 불법어획이나 밀수도 엄중히 단속했다. 러시아를 출국할 때, 공항이나 항만 세관에서 일반 여행자의 짐도 금속탐지기를 거쳐야 한다. 다른 나라에서는 보통 총기류나 귀금속의 불법유출을 적발하기 위한 절차이지만, 러시아의 경우는 캐비어 용기 검사가 주된 목적이다. 병조립의 뚜껑이 금속이기 때문이다. 세금 증명서가 없으면 즉각 몰수당한다.

당연히 캐비어를 병에서 꺼내 다른 용기에 옮기는 잔꾀를 부려 통관한 자도 있다. 살균소독된 병에 진공포장된 캐비어를 다른 용기로 옮기면 당장에 썩고 말 테니, 결국 제 꾀에 제가 넘어가는 셈이지만.

그런데 러시아산 캐비어는, 업소용 대형 포장은 통조림이지만 소매용은 절대 다수가 병조림이고 뚜껑만 금속이다. 뚜껑은 앞서 말했으므로 이해가 된다 치고, 어째서 유리병에 들어 있을까?

이 수수께끼도 얼마 전 러시아의 극동지방을 방문하는 사절단에 동행했을 때 비로소 풀렸다. 어느 날 레스토랑에서 식사를 하고 있을 때였다. 웨이터가 "게 통조림, 안 살라우?" 하고 말을 붙여 왔다. "난 일본인이 참 좋아. 그러니까 이익은 안 챙길 거요"라며 익숙한 솜씨로 깡통을 열더니 우리의 코끝에 갖다 댔다.

"보슈, 살도 두툼하니 즙도 많고 아주 최상품이라오. 바로 좀 전에 만든 공장 직송품이걸랑. 하나에 3달러. 어때?"

안 사면 이쪽이 손해라는 말투다. 40명 정도의 일본인들이 그 말에 이끌려 통조림을 손에 들어본다.

"오, 이거 일본 백화점에서 하나에 3000엔은 더 할 텐데."

한 사람이 그런 말을 하니, 또 한 사람이 받는다. "그러고 보니 세밑에 들어온 3개들이 선물세트 상자에 1만 엔짜리 가격표가 붙어 있더라." 이 말이 떨어지기가 무섭게, 벌집을 쑤셔놓은 듯이 야단법석이 났다.

"그럼 난 2다스 부탁하오."

"난 30개."

당장에 다 팔려버렸다. 미처 사지 못한 사람은 울상이 되었다.

"내일 호텔로 배달해드리리다."

웨이터가 이렇게 친절하게 말하니 말할 나위 없이 주문이 쇄도했다. 물론 나도 1다스를 샀다.

귀국한 날 밤, 가니타마 달걀을 풀어 게살을 섞어 구운 뒤 걸쭉한 전분 소스를 입힌 중국요리 를 하기로 했다. 이건 센 불에 단숨에 해야 제맛이지? 준비를 마치고 게 통조림을 땄다. 어느새 가슴이 설렌다.

찰랑찰랑.

어? 헛들었나? 아니. 확실히 들었다. 찰랑대는 물소리다.

찰랑찰랑.

뚜껑이 열리자마자 앗 하고 열린 내 입은 한참 동안 다물어질 줄 몰랐다. 깡통 속은 물이었다. 서둘러 열어본 나머지 11개도 마찬가지로 내용물은 물. 여기서 이해가 갔다. 캐비어가 통조림이라면 이 수법은 금방 써먹을 수 있겠지. 아니, 캐비어를 직접 본다 해도 속을 수 있다. 럼프 피시나 날치 알을 검게 물들인 가짜를 진짜라고 속여 팔아도 실제로 먹어보지 않고는 모를 테니까.

그러나 뛰는 놈 위에 나는 놈이 있다.

20년도 더 전에 모스크바에서 있었던 일이다. 청어 통조림을 열어보니 캐비어가 잔뜩 들어 있더란다. 러시아에서도 캐비어는 비싸서 엄두를 못 내는 것이니 서민이 쉽사리 입에 댈 수 있는 물건이 아니다.

대다수의 사람들은 "어이쿠! 이게 웬 횡재냐" 하며 굴러 들어온 행운을 덥석 받아들였다. 하지만 한 모범적인 경찰관 부인만은 달랐다. "요거, 이상한데?" 하고 범죄의 냄새를 맡은 것이다. 이를 계기로 30년 이상이나 소련 어업계에 그물망처럼 짜여 있던 거대한 캐비어 횡령 신디케이트의 전모가 드러났다. 정부 고관이며 정치가가 감자 줄기처럼 줄줄이 걸려 올라와, 당시 어업장관까지도 깊이 관여되어 있었다는 사실까지 파헤쳐졌다. 오랫동안 일·소 어업협정의 중심이던 이시코프 어업장관이 어느 날 갑자기 경질당해 일본 측이 놀란 것도 그런 이유 때문이었다. 그 뒤 이시코프가 총살당했다는 소문도 돌았지만 헛소문이었다.

청어 통조림 용기에 캐비어를 넣어 외국에 빼돌렸다니 감탄할 만하다. 청어는 싸구려 물고기라 아무도 쳐다보지 않으니, 세관 직원이며 무역 단속반의 눈을 감쪽같이 속일 수 있었던 것이다. 조직 말단의 누군가가 멍청한 탓에 캐비어가 든 청어 통조림이 시장에 흘러나와, 결국 신디케이트는 일망타진되었지만 말이다.

한편, 앞서 한 지퍼 얘기는 거짓말이다. 물론 YKK도 관계없다. 하지만 철갑상어를 제왕절개하여 캐비어만 꺼내고 어미를 살려둘 길을 연 것은 사실로, 일본인이 처음 시도했다. 아래는 한 홈페이지에서 발견한 글이다.

철갑상어 암컷 한 마리에서 캐비어를 여러 번 채취해볼 궁리를 한 사람이 있었다. 1975년경 히로사키 요시쓰구広崎芳次―현재 야생수족번식센터Aquatic Wildlife Breeding Center 대표―는, 당시 에노시마江ノ島 수족관 관장으로 지내면서 캐나다나 소련에서 난 철갑상어를 들여와 수족관에서 전시했다. 철갑상어는 연어나 청어와 달리, 알을 낳고도 죽지 않고 일생 동안 몇 번이나 산란하므로 인공 채란 해보기로 했다.

그러나 자웅의 구별이 가지 않아, 일단 개복을 해야 했다. 그는 밑져봐야 본전이라는 생각으로 복부의 중앙선(복부 한가운데 있는 선)에 따라 메스를 댔다. 개복 뒤 난소인지 정소인지 확인하고 복부를 봉합했다. 또한 옆구리 쪽을 누르면 수술 중에도 움직이지 않는다는 것을 발견해, 마취도 필요 없었다. 더욱이 개복 부분이 작을 경우, 절개한 뱃가죽을 봉합하지 않아도 수족관의 수압에 의해 부착된다는 사실을 알게 되었다. 이러한 철갑상어 수술을 카스피해 연안에 있는 이란의 철갑상어 연구소에서 실제로 해 보였다. 이란뿐 아니라 소련 연구자도 많이 참석했다. 반신반의하며 지켜보던 연구자들도 배를 가른 상어가 이튿날 활기차게 헤엄치는 것을 보고 깜짝 놀라며 기뻐했다고 한다.

이 일은 뉴스에 대서특필되어, '철갑상어 개복수술'이라는 강연회가 이란 정부의 주최로 테헤란에서 개최되었다. 그 뒤 소비에트 어업부에서도 개복수술이 활발히 시험되고 있다고 한다.

—「타이타닉 호와 캐비어」, 〈수산잡학〉 칼럼 15화

소련 붕괴 직후, 국가 재정파탄으로 인해 단속에 쓰일 예산과 인원이 대폭 감소한 데다가, 시장자유화로 당장 눈앞의 이익을 노린 난획이 거듭되었다. 그 결과 캐비어 생산량은 단 10년 사이 4분의 1로 줄었다. 2000년 5월, 〈마이니치 신문〉의 모스크바 특파원은 이렇게 쓰고 있다.

공식 어획고 급감. 수출 중단 가능성도
러시아 어업위원회는 세계 3대 진미의 하나이자 러시아

의 주요 수출품인 캐비어의 공식 어획량이 급감하여 수출을 중단할 가능성이 있다고 발표했다. 수출이 중단되면 국제시장에 대한 영향 또한 피할 수 없어, 캐비어 값도 뛰어오를 전망이다.

유력지 〈코메르산트 데일리〉의 24일 자 보도에 따르면, 세계 캐비어 생산의 90퍼센트 이상을 산출하는 카스피해는 연간 어획 할당량이 900톤이며, 이 중 560톤이 러시아의 몫이다.

그러나 볼가강의 오염, 기후변화, 더욱이 불법어획 등으로 인해 올해 어획량은 할당량의 30퍼센트에도 미치지 못해, 이대로는 100년 이상의 역사를 가진 러시아의 캐비어 수출량이 제로가 될 가능성도 있다.

—모스크바, 25일, 이시고오카 겐

위싱턴 조약으로 철갑상어의 어획을 금지하자는 움직임도 나오고, 이미 초읽기 단계에 들어갔다는 말까지 들리고 있다.

이런 관측 때문인지 가짜 캐비어 제조기술 향상과 철갑상어 양식이 지금 세계 각지에서 유행하고 있다.

세계에서 캐비어 소비 1, 2위를 다투는 일본에도 철갑상어 양식장이 곳곳에 생겨나고 있다. 불황으로 침체된 지방의 경기 활성화를 위해 제3섹터_{지역개발을 위한 관민합동 기업체.}

관을 제1섹터, 민간을 제2섹터로 본다 방식이 많다. 이와테 현, 아오모리 현, 미야자키 현, 가나가와 현…… 일일이 꼽자면 한이 없다. 시험장이나 프로젝트 단계를 모두 합하면 거의 모든 현을 망라하지 않을까? 캐비어의 희소가치와 고가라는 점이 사람들의 마음을 끌었나 보다. 다행인지 불행인지, 철갑상어가 산란하기까지는 10년이라는 세월이 걸릴 테니, 아직 캐비어 판매를 상업적으로 개시한 양식장은 없다. 하지만 머지않아 캐비어가 흔해빠질 날이 올 것이다. 귀중하고 비싸서 조금밖에 못 먹으니 애지중지하는 거지, 대구 알 정도로 흔해빠지게 된다면, 틀림없이 그런 마음이 싹 가실 것이다.

미각에 대한 편견

구대륙 사람들이 토마토, 감자, 옥수수 등의 식품을 알게 된 것은 콜럼버스가 아메리카 대륙을 발견하고 돌아온 1493년 이후의 일이다. 우리에게 친근한 이 식품들이 실제로 보급된 속도는 실로 거북이 걸음보다 더뎠다.

잘 알려진 것처럼 유럽 사람들이 처음 토마토를 들여왔을 때, 토마토는 그저 관상용이었고 감자는 악마의 음식이라며 외면당했다고 한다. 다음 장 「감자가 뿌리를 내리기까지」에서 다루겠지만, 유럽 각지의 완강한 저항으로 프랑스는 18세기 말, 러시아는 19세기 중엽에 이르러서야 간신히 감자를 받아들일 수 있었다.

토마토, 감자, 옥수수는 지금은 서양 요리에서 없어서는 안 될 존재다. 토마토 없는 이탈리아 요리, 감자 없는 독일 요리와 러시아 요리, 옥수수 없는 미국 요리는 상상할 수도 없으니까. 하지만 이 모두가 서양 요리의 재료로서 지위를 확고히 굳힌 것은 18세기 이후의 일이다.

얼마나 재미있는 사실인가. 무슨 뜻이냐 하면, 일반적으로 미각만큼 보수적인 것도 없다는 말이 있기 때문이다. 일본에서도 간사이 문화권에서 자란 사람들은 대개 낫토콩을 삶아 띄운 식품이나 구사야말린 자반 고등어로 구울 때 특유의 냄새가 난다에 거부감을 느낀다. 그러니 토마토며 감자며 옥수수도 구대륙 사람들에게 쉽사리 받아들여지기 어려웠으리라.

그러나 우연한 계기로 미각에 대한 편견만 사라지면, 예를 들어 기근이나 생명의 위기, 조리법의 개발, 호기심 등을 계기로 맛에 눈뜨게 되면, 그 음식은 봇물 터지듯 전파되기 마련이다. 이는 시간을 조금만 길게 보면 어느 민족이나 미각이 상당히 극적으로 변할 수 있다는 말이다. 놀랍지 않은가.

예를 들어 옥수수는 1579년, 감자는 1601년경, 토마토는 1670년경에 네덜란드 상선이나 포르투갈 상인을 통해 나가사키 항에 들어왔으나, 그 어느 것도 일본에 정착하지 못했다. 한참 뒤인 메이지 시대 초기, 서양에서 토마토 품종이 다시 유입되어 '붉은 가지'라는 이름으로 시험 재배되었을 때도, 토마토 특유의 풀 비린내 탓에 역시 보급되지 못했다.

토마토와 감자가 현대 일본의 식탁에 빼놓을 수 없는 존재가 된 것은 제2차 세계대전 뒤의 일이다. 식물성 재료뿐 아니라, 대다수의 일본인이 돼지고기나 쇠고기를 일상적으로 먹게 된 것도 메이지 시대 이후의 일이다. 유제품 또한 최근까지도 '뿔이 돋는다'며 두려워했단다.

그러니 최근 지구의 급속한 인구증가와 함께 식량위기가 문제되어도, 괜한 걱정이 아닐까 싶다. 먹을거리의 범위를 넓혀가는 인간의 능력은 그리 얕볼 게 아니기 때문이다. 늘어만 가는 바퀴벌레나 까마귀, 쥐새끼…… 이런 것들을 맛있게 먹을 수만 있다면 식량문제는 단번에 해소될 것이다.

"농담이 지나치군. 그 기분 나쁜 것을 어떻게 먹으라고." 이렇게 생각할 수도 있다. 하지만 토마토나 감자, 돼지고기, 쇠고기에 대해서도 불과 100년 전의 일본인은 그렇게 생각했다. 그보다 나는 요즘 나오는 유전자 변형식품 쪽이 훨씬 꺼림칙하다.

감자가 뿌리를 내리기까지

"사랑은 감자하곤 다르다고. 창밖에 휙 던져버릴 순 없잖아."

러시아 영화나 소설에는 이런 식의 대사가 자주 등장한다. 러시아인에게 감자는 주식의 자리를 빵과 겨룰 정도로 중요한 존재다. 입에 들어가지 않는 날이 없을 정도로 일상적이고 저렴한 음식 재료다. 하지만 '창밖에 휙' 운운하는 걸 보니, 그만큼 고마운 마음도 잊기 쉬운지 모르겠다.

토란, 참마, 마, 고구마 등 구근류가 풍부한 일본과 달리 러시아인, 아니 많은 유럽인들에게 구근류는 감자 한 종류밖에 없다. 하지만 삶고 으깨고 찌고 썰고 굽고 튀기는 등 요리법과 맛은 참으로 다채롭다. 아무튼 자나 깨나 감자다.

이러한 막대한 수요를 채우기 위해서이리라. 러시아는

세계 최대의 감자 생산국이다. 연간 8500만 톤으로 아시아 전체의 연간 생산량 8200만 톤조차 훌쩍 뛰어넘는 숫자다.

이렇게 러시아인과 떼려야 뗄 수 없을 만큼 친근한 감자지만, 의외로 러시아에 들어온 역사는 그리 길지 않다. 앞에서 썼듯이 구대륙 사람들이 감자의 존재를 안 것은 콜럼버스가 신대륙을 발견하고 돌아온 1493년 이후의 일이다.

남미 안데스 산맥지대(현재의 페루, 볼리비아, 칠레) 원주민들의 주식인 감자의 종자가 서유럽으로 들어온 시기는 1570~1580년경이라고 한다. 이 위업을 이뤄낸 것은 해적선을 지휘했던 영국 해군 부(副)제독 드레이크라는 설이 있어, 오펜부르크에 있는 드레이크의 동상 초석에는 '1580년 유럽에 감자를 들여온 프랜시스 드레이크 경'이라고 새겨져 있다. 그러나 집에 있는 백과사전에는 그건 "있을 수 없는 일"이라고 씌어 있다. "드레이크의 해적선은 한 번도 신대륙의 해안에 기항(寄港)한 적이 없다"니 당연한 말이다. 다음 후보는 볼테르 로메프 경. 한때 그가 버지니아 주에서 가져왔다는 것이 정설로 유포되었지만, 어느 사전이나 역시 전설에 불과하다며 이 설을 부정한다. "당시 버지니아 주에서는 감자의 존재를 몰랐다"는 것이다. 현재 제일 신빙성 있는 것은 스페인 신부이자 식물학자인 제로님 코르당이 가지고 왔다는 설이다. 코르당은 "감자는 트뤼프의 일종으로, 밤보다 맛이 좋다. 이는 모든 인간의 간절한 바람에 현명한 자연이 베푼 훌륭한 음식이다"라며 예찬했다고 전해진다. 어느 쪽이라 해도 스페인 항에 감자 종자가 도착한 것이 1580년이라는 사실만은 확실한 모양이다. 이 설도 언제 바뀔지는 모르지만.

가지고 온 사람이 누구인지는 불확실해도 감자에 대해 처음 기록한 유럽인의 이름은 잘 알려져 있다. 스페인 사람 페드로 시에자 데 레온이다. 그는 자신이 머물던 페루에 대해 당시로서는 상당히 세밀하게 연구하여 『페루 연대기』라는 저서를 지었다.

"파파(당시 페루어로 감자)는 견과류의 일종이다. 삶으면 밤처럼 부드러워진다. 껍질 맛은 트뤼프보다 담백하다."

더욱이 레온은 감자 수확을 축하하는 현지인의 화려한 축제에 대해서도 기록하고 있다.

코르당과 레온이 입을 모아 절찬한 이상적인 재료이니 단숨에 유럽인의 마음을 사로잡았으리라 생각하겠지만 사실은 그 반대였다. 콜럼버스가 아메리카에서 가지고 온 또 하나의 선물인 매독(서인도 제도 원주민의 풍토병이었다고 한다)은 순식간에 유럽 전역에 번져 1512년에는 극동의 섬나라 지팡구(일본)까지 도달했다는데(포르투갈인이 최초로 일본에 온 것은 1543년이니 그보다 빠른 셈이다), 감자

가 전파된 것은 그로부터 70년 뒤이니 참으로 늦은 템포
였다.

대체로 처음 감자를 대한 사람들은 기분 나빠 했다. 흙
투성이의 못생긴 물체. 아마 악마나 먹는 음식일 거라고
생각했다.

유럽 각지를 엄습한 빈번한 흉년이며 기근에도, 아무리
나쁜 기후조건에도, 아무리 척박한 토지에도 감자는 꿋
꿋하게 뿌리를 내리고 많은 열매를 맺었고 영양가도 높았
지만, 사람들에게는 좀처럼 받아들여지지 않았다.

당시 절대 군주들은 이 새로운 식품이야말로 오랫동안
골칫거리였던 식량문제를 해결해주리라 믿고 대대적으로
선전하며 계몽활동을 전개했다. 하지만 이것이 헛수고로
끝나자, 나중에는 보급을 위해 폭력으로 위협하는 강제
수단까지 동원했다.

그중에서도 프러시아의 프리드리히 빌헬름 1세와 프리
드리히 대왕은 특히 열심이었다. 1756년부터 이어진 7년
전쟁에서 프러시아와 칼을 겨룬 스웨덴은, 감자를 가지고
돌아온 것 외에는 별다른 전과를 거두지 못한 탓에 이 전
쟁을 '감자 전쟁'이라 부를 정도다. 오귀스트 파르망티에
는 이 전쟁에서 다섯 번이나 프러시아의 포로가 되는 바
람에 감자가 얼마나 맛있는지 알게 되어, 루이 16세 치하
의 프랑스에서 감자 보급에 매진한다. 파르망티에가 감자

를 보급하기 위해 펼친 뛰어난 계몽활동이나 기상천외한 캠페인에 대해서는『세계 음식 백과』나『쓰지 시즈오 저작집』『신 라루스 요리 대사전』등에도 많이 나온다. 프랑스인은 감자를 '폼 드 테루아'Pomme de terroir'땅속의 사과라 이름 지었지만, 일반인들이 감자를 사과에 견줄 만한 맛있는 음식이라고 납득하기까지는 오랜 세월이 필요했다. 감자가 프랑스에서 시민권을 얻은 때는 18세기 말이다.

일본에는 1601년경에 자카트라 항(지금의 자카르타)에서 네덜란드 상선을 통해 나가사키로 들어왔다. 러시아로 들어간 것은 그보다 더 훗날이다.

17세기 말, 형제들과의 처참한 정쟁을 거쳐 옥좌를 차지한 표트르 1세는, 직공으로 변장해 네덜란드나 영국 등 유럽 선진국의 기술을 배우러 다녔다. 거기서 처음 먹어본 감자 맛에 얼마나 감동했는지, 러시아로 가져와 그 보급에 열심히 힘썼다. 일부러 독일에서 종자를 대량으로 들여와, 재배하여 널리 보급하기 위해 러시아 각 지방에 칙령을 내렸을 정도다. 그렇게까지 했는데도 생김새가 꺼림칙하다며 아무도 먹질 않으니 심을 리도 없었다.

할 수 없이 황제령에서 감자를 재배했으나, 아무리 절대군주 표트르 대제의 엄명이라 해도 농민들은 무섭다며 먹으려 들지 않았다. 대제는 비상수단을 쓰기로 했다. 농민들을 궁전으로 불러 모아, 갓 삶은 감자를 산처럼 쌓아 접시 몇 개에 담아 내왔다.

"지금 당장 짐의 눈앞에서 먹지 않으면 이 자리에서 너희 목을 날려버리겠다."

벌벌 떨면서도 농민들은 망설였다. 이 요상한 음식의 독이 몸속에 퍼져 괴로움에 몸부림치며 죽느니, 차라리 단칼에 죽는 편이 낫다고 생각했는지도 모른다.

"보라. 짐도 먹고 있다. 이렇게 맛있고 영양 있는 음식은 없노라."

왕은 우적우적 맛있게 먹어 보였다. 하지만 황제는 악마의 자식이라는 소문이 끊이질 않고……. 농민들이 주뼛거리며 좀처럼 나서주질 않자 대제는 더 참지 못하고, 맨 앞에 있던 남자의 목덜미를 잡아채 칼을 들이댔다.

"자, 먹어. 어서 먹으라니까!"

농민들은 일제히 손을 뻗쳐 감자를 베어 물었다. 응? 이거 나쁘지 않은데? 아니야, 나쁘지 않은 정도가 아니라 꽤 맛있는걸. 그런 표정을 재빨리 읽은 대제는 만족한 듯이 수염을 쓸어내렸다.

다음 순간, 농민들은 어쩌면 내일 아침이면 자신들이 싸늘한 시체가 되어 있을지 모른다는 예감에 부들부들 떨었다. 하지만 이튿날도 그다음 날도 멀쩡했다. 일주일이 지나도 몸에 아무런 이상이 없었다. 그래도 감자는 보급되지 않았다. 감자를 재배하기 시작했지만 영토 밖으로 전파되지는 않았던 것이다. 결국 감자가 러시아 전역으로 퍼지기까지는 그로부터 또 한참의 세월을 필요로 했다.

R. E. F. 스미스와 D. 크리스천은 "7년 전쟁이 끝나고 프로이센에서 병사들이 귀환하면서 감자를 가져왔을 가능성도 있다"(『빵과 소금』)라고 언급한다. 또 감자가 받아들여지기 힘들었던 이유를 중독사로 죽는 두려움 때문이라기보다, 죽어서 지옥에 떨어질 두려움 때문이라고 보고 있다. 그런 미신을 퍼뜨린 것은 최대의 저항세력이었던 구교도들이었다.

> 그들 중에는 감자를 두고, '태초의 두 사람이 먹은 금단의 나무 열매다. 따라서 이것을 먹는 자는 그 누구든 신을 저버리고 성서를 모독하여 결코 하늘나라에 들어가지 못할 것'이라고 철석같이 믿는 자도 있었다. 대개 러시아 북부에서는 무가 전통적 주요 작물이며 거의 18세기가 지나도록 감자가 그 자리를 차지하는 일은 없었다.
>
> ─『빵과 소금』

아담과 이브가 낙원에서 쫓겨난 원인이 된 금단의 열매는 사과가 아니라 실은 감자였다는 것이다. 성서에 나오지 않는 음식일뿐더러, 씨로 발아하지 않고 클론 증식하는 것이 꺼림칙했기 때문이다. 구교도들이 퍼뜨린 미신에는 이런 황당무계한 것도 있었다. 세계 최초의 감자는 마르메스 왕의 딸이 악마에 홀려 타락할 대로 타락해 죽은 무덤 위에서 나온 것이다. 그러니, 이 '악마의 열매'를 먹은 자는 반드시 지옥에 떨어진다고 여겼다.

18세기 중엽, 예카테리나 2세 또한 계몽군주답게 감자 보급에 나섰다. 그녀는 1765년, 독일에서 감자 1000말가량을 들여왔다. 기근에 시달리는 시베리아와 핀란드의 농민을 구하기 위해서는, '영국에서는 포테이토라 불리고 다른 지역에서는 땅속의 배 혹은 땅속의 트뤼프, 카르토펠kartoffel, 독일어로 감자를 뜻한다이라고 불리는 땅속의 사과'를 재배하는 것이 비용 등 여러모로 효과적이라고 의료참사회가 진언했기 때문이다. 이에 제국 전역에 감자 종자와 함께 재배법을 적은 전단이 배포되었다. 그러나 이 또한 실패로 끝난다. 농민들이 미지의 작물에 완강히 저항했기 때문이다.

감자가 농민들 사이에서 보급되지 않은 또 하나의 이유는 맛이 싱거워 소스나 버터를 바르지 않으면 맛있게 먹지 못했기 때문이라고 한다. 결국 더 비싸게 들었다는 말이다. 그 때문인지 유복한 귀족들 사이에서 먼저 인기를 얻었다고 전해진다.

그래도 19세기 초가 되도록 러시아 요리사들은 대부분 감자의 존재를 몰랐다고 한다. 상당히 교양이 있는 사람들조차도 두려워하며 먹으려 들지 않았다. 급기야 1840년에 러시아 전역에 포고령이 내려졌다.

    1. 모든 공유지에는 농민들에게 나누어줄 감자 종자를 재배하기 위한 전용 농지를 둘 것.
    2. 재배, 저장, 요리법 및 먹는 법에 관한 전단을 작성, 배포할 것.
    3. 감자 재배에 성공한 농가를 장려하고 표창할 것.

이 시도도 실패했다. 정부가 너무 서둘러 강제 수단을 취한 탓에 농민들의 강한 반발심을 불러일으켜, 북부, 우랄 지방, 볼가강 지역 등에서는 감자의 강제 재배에 반항하는 폭동이 빈발했다. 역사 교과서에서는 이를 두고 '감자의 반란'이라 한다.

한편 중앙에서 멀리 떨어진 시베리아에서는 이미 1820년대에 감자가 상당히 정착된 모양이다. 이것을 알게 된 것은 20년쯤 전, 시베리아의 오지를 여행할 때였다. 가이드는 '이 근처는 제정시대나 스탈린 시대 때 유형지로 자연환경이 척박한 토지이며, 많은 데카브리스트가 여기로 흘러들어 왔다'라고 설명했다.

1825년 12월, 수도 상트페테르부르크에서 러시아 최초의 무장봉기가 일어났다. 러시아어의 12월(데카브리)이라는 단어에서, 이 봉기에 참가한 사람들은 훗날 데카브리스트라 불린다. 이들은 주로 귀족 출신의 청년 장교들로, 1812년 나폴레옹 전쟁 때 농노 출신의 병졸들 틈에서 지내며 그들의 인간성에 감명을 받는다. 더욱이 프랑스군을 쫓아 들어간 유럽은 러시아보다 훨씬 선진 사회였고, 그들의 인간관계를 보면서 농노제와 전제군주제를 폐지하고 입헌군주제에 바탕을 둔 근대적 국가 건설을 꿈꾸었다.

그러나 봉기는 곧바로 진압당했고, 5명의 주모자는 교수형에 처해지고 121명은 시베리아 등지로 유배된다. 이곳에서 그들은 처음으로 농민들의 생활을 체험하게 된다. 시베리아의 대지는 차고 척박하여 곡물 수확은 비참할 정도로 형편없다. 심심하면 기근이 찾아왔다. 감자라면 이런 불모의 대지에서도 쉽게 자라주겠지. 그러면 농민들의 생활도 조금은 나아지리라고 생각했을 법하다.

물론 시베리아의 농민은 아직 감자를 몰랐다. 험한 일을 모르는 유배자들은 태어나서 처음으로 손에 괭이를 쥐고 밭을 갈며, 먼 고향에서 감자를 들여와 재배했다. 이것을 널리 보급하려고 주위의 농민들을 불러 모아 요리하여 먹어 보였다.

그러나 농민들은 기분 나쁘다며 좀처럼 먹으려 들지 않았다. 물론 민주주의의 이상에 불타는 이들 데카브리스

트들이 표트르 대제처럼 목을 베겠다고 으름장을 놓을
리는 없다. 대신 금화를 꺼내 보이며 감자를 재배해서 먹
는 자에게 주겠다고 했다. 이것은 절대적인 효과를 냈다.
그 후 감자가 이들 농민에게 금화 한 닢 이상의 실익을 가
져다준 것은 두말할 나위도 없다. 이리하여 감자는 급속
히 시베리아 전역으로 퍼져나갔다고 한다.

　거창한 봉기보다, 이상주의 로맨티스트 귀족 청년들이
험난한 현실에 직면해 꺾이지 않고 오히려 현실을 깨달음
으로써 자신들의 이상을 관철한 이야기에 나는 매료된다.
마치 땅속에서 열리는 감자처럼, 드러나지 않지만 깊은
맛이 우러난다.

진짜 할바를 찾아서

터키꿀엿이라는 과자 이름을 처음 안 것은 독일 작가 에리히 캐스트너의 『핑크트헨과 안톤』Pünktchen und Anton 국내 번 역본: 이희재 옮김, 시공주니어, 2000년 출간이라는 소설에서다. 이 소설은 내가 초등학생 때 인기 있던 작품이라 지금도 같은 세대 의 아무나 붙잡고 물어봐도, "응, 읽은 적 있어"라는 대답 이 돌아올 정도다. 그러나 "거기서 터키꿀엿 나온 거 기억 하니?" 하고 물으면 열이면 열 모두 고개를 갸웃한다.

"글쎄? 그런 게 있었나?"

줄거리와 관계없고 게다가 슬쩍 지나간 단어라 독자의 기억에 남지 못했나 보다.

그런데 나는 왠지 터키꿀엿이라는 글자를 보기만 해도 마음이 설렌다. 어쩌면 이렇게 맛있어 보이는 이름인가. 어떤 맛이 나는 과자지? 어떤 색에 어떤 모양일까? 단 한 번이라도 좋으니 먹어봤으면……

하늘도 내 마음을 아셨는지 기회는 의외로 빨리 찾아왔다. 초등학교 3학년 가을, 나는 부모님의 일로 프라하에 살게 되었다. 방과 후에 반 아이들과 구멍가게에 들러 사 먹는 인기 최고 과자는 단연 'Turecky Med'. 직역하면 '터키의 꿀'이니 다름 아닌 '터키꿀엿'이었던 것이다.

좀 더 사각사각하게 만든 누가^{흰 빛깔의 무른 사탕}에 땅콩류를 더 많이 넣은 느낌이다. 캔디나 초콜릿은 옆에 끼지 못할 정도로 맛있다.

그런데도 러시아에서 온 이라는 이렇게 말했다.

"흥, 이 정도? 할바가 백배는 더 맛있을걸?"

"그 할바라는 거, 한번 먹어보고 싶다."

"엉? 할바를 모른단 말야? 그럼 이번에 모스크바에 다녀올 때 사 올게."

여름방학이 끝난 9월 1일, 이라는 약속을 지켰다. 모양도 크기도, 꼭 납작한 구두약 통 같은 파란 용기다. 뚜껑에는 흰 글씨로 'ХАЛВА(할바)'라고만 적혀 있다. 지금도 'NIVEA'라고 씌어 있는 파란색 핸드크림 통을 볼 때마다 이라가 가져다준 할바가 생각이 난다.

뚜껑을 열자, 연갈색 연고 같은 것이 들어 있었다. 이라는 홍차용 작은 스푼으로 그 표면을 긁어모아 내밀었다.

"간신히 샀어. 한 입씩만 먹어야 돼."

내가 입에 떠 넣는 걸 보더니 묻는다.

"어때? 맛있지?"

맛있는 정도가 아니다. 이렇게 맛있는 과자는 난생처음이다. 만드는 법은 터키꿀엿과 비슷할 것 같지만 확실히 그것보다 백배는 맛있다. 게다가 처음 맛보지만 처음 같지 않고 왠지 그리운 맛이다. 씹을수록 땅콩과 꿀맛에 여러 가지 신비로운 향신료의 맛이 우러나와 입안에 섞인다. 이런 것을 두고 국제적으로 통하는 맛이라 해야 할까. 15개국에서 온 반 친구들 덕분에 파란 통은 순식간에 비어버렸다.

딱 한 입. 그 한 입에 나는 할바에 홀딱 반했다. 아아, 할바 먹고 싶어라. 원 없이 한없이 할바를 먹고 싶다. 게다가 여동생이며 부모님께도 맛보이고 싶었다. 할바가 얼마나 맛있는지 그 어떤 말로 설명해도 알아주지 않았기 때문이다.

그로부터 얼마 지나지 않아 아버지가 모스크바로 출장을 떠나게 되었다. 나는 스케치북을 가져와서는 마음속에 새겨둔 그 통을 그린 다음 수채물감으로 파랗게 칠했다. 그림만 봐도 군침이 돈다.

"무슨 선물 사다 줄까?"

어디 다녀오실 때면 늘 물어보시는 아버지께 기다렸단 듯이 스케치북을 내밀었다.

"할바라는 과자요. 가능한 한 많이 사다주세요."

그러나 2주 뒤 돌아오신 아버지의 여행가방 속에 파란 통은 보이지 않았다. 아버지는 짬을 내어 백화점이며 슈퍼마켓이며 자유시장도 들러보셨고, 모스크바에 사는 지인들에게도 물어보셨단다. 하지만 그들은 모두 "아니, 그런 과자가 있었나?" 하고 되물었단다.

그때부터 아버지도 어머니도 할바에 대한 호기심이 일어, 소련에 출장 갈 때마다 찾아보셨지만 결국 찾을 수 없었다. 딱 한 번, 자유시장에서 사셨다며 연갈색 덩어리를 사 오신 적이 있었다. 제사상에 올리는 떡처럼 생겼다.

"노점 아주머니가 이게 할바라고 우기길래 사봤다."

이라가 맛보여준 할바보다 더 밝은 색에 딱딱하게 말라 있었지만, 가슴이 설렌다. 튀지 않게 수건으로 싼 다음 망치로 두드려서 산산조각을 냈다. 가족들은 일제히 손을 뻗어 제각기 입으로 가져갔다.

"누가에 참기름을 섞어 말린 듯한 맛이네."

어머니가 완전히 기대가 무너졌다는 얼굴로 말씀하셨다.

"이 정도면 터키꿀엿이 더 나은데"라는 여동생. 아버지만은 나머지 조각을 입에 넣으시며, 만족한 듯이 "이거, 어렸을 때 먹던 보리 미숫가루랑 비슷하네."

"이런 거 아니란 말예요!"

나는 화도 났지만 갑자기 슬퍼졌다.

"이게 할바라고 생각한다면, 할바가 가엾어요!"

소련 친구들에게 이 얘기를 들려주니, 거 보란 듯이 말한다.

"무리야, 무리. 외국인 여행자들이 진짜 맛있는 할바를 산다는 게 기적이지. 상점에 잘 나오지도 않을뿐더러, 나온다 해도 금방 동이 나거든."

"그럼 진짜는 어떻게 알아보는데?" 하고 물으니 한참 생각하고 내놓은 답이란 게 평범하기 짝이 없다.

"먹어보는 수밖에 없지 뭐."

"그래, 맞아. 할바 맛은 먹어보지 않으면 모른다고 엥겔스 선생님도 말씀하셨어."

이는 불가지론에 대한 실천론을 설명할 때 엥겔스가 푸딩에 비유한 것을 할바로 바꿔 말한 것이다. 어른이 되어 백번도 넘게 러시아에 출장 가게 되어 몇 번이나 확인했지만, 이라가 맛보여준 그 파란 통은 단 한 번도 본 적이 없다.

그 무렵에는 할바가 러시아라기보다 구소련의 이슬람권 사람들이 만드는 과자라는 것 정도는 알게 되었다. 중앙아시아의 사마르칸트나 히바의 바자르에서, 아버지가 몇 번 사다 주셨던 제사떡 같은 할바를 본 적이 있다. 매번 가슴을 콩닥거려가며 사보지만 늘 낙담하게 된다. 그 어느 것도 말린 누가와 별반 다르지 않았다. 우즈베키스탄의 수도 타슈켄트에서는 현지인이 할바인타르라고 부르는 디저트를 먹어보고 만드는 법도 배웠다.

재료

· 버터 100그램

· 견과류 100그램

· 밀가루 1컵

· 설탕 1컵

· 물 1~3컵(취향에 따라 조절)

· 바닐라에센스 작은 술 4분의 1

조리법

· 달군 냄비에 버터를 녹여 식힌 다음, 밀가루를 넣고 다시 불에 올려 노릇노릇해질 때까지 볶는다. 이때 절대로 태우지 않도록 조심한다.

· 여기에 뜨거운 설탕물을 넣고 말랑말랑한 점토 느낌이 들 때까지 계속 저어 섞는다.

· 불 끄기 직전에 으깬 견과류를 섞고, 불을 끈 다음 바닐라에센스를 넣으면 완성.

할바와 조금은 비슷하지만, 역시 다르다.

몰다비아에서 집에서 만들었다는 누가를 얻어먹었을 때 할바인타르와 맛이 비슷하다는 생각이 들어 조리법을 받아 적다 보니, 만드는 법도 약간 비슷했다.

재료

· 설탕 500그램

· 가루설탕 50그램

· 꿀 1컵

· 물 1컵

· 껍질 벗긴 호두 300그램

· 달걀흰자 10개 분량

· 바닐라 4분의 1개 혹은 껍질 말린 레몬 1개

조리법

· 냄비에 설탕, 꿀, 물을 섞고 캐러멜 상태가 될 때까지 졸인다.

· 달걀흰자는 뿔이 설 때까지 단단하게 거품을 낸 뒤 가루설탕을 넣는다. 이것을 캐러멜에 붓고 약한 불에서 주걱으로 계속 섞는다.

· 냄비의 내용물을 찬물에 흘려 넣어 경단이 빚어질 정도로 굳으면 완성. 여기에 으깬 호두와 바닐라 또는 말린 레몬 껍질을 섞어 넣고 엿가락처럼 만들어, 표면이 굳으면 적당한 길이로 자른다.

이것은 프라하에서 방과 후에 사 먹은 터키꿀엿의 맛이었다. 터키꿀엿은 역시 누가였을까?

누가nougat 프랑스 엿 과자의 일종. 졸인 설탕과 물엿에 거품 낸 달걀흰자와 젤라틴을 섞어 기포를 낸 다음 견과류 등을 섞어 굳힌 것. 기포가 들어 있어 감촉이 부드러운 캔디. 어원은 라틴어 '넉스nux, 호두'가 변한 것이다.

만드는 법은 우선 설탕, 물엿, 물을 섞어 120도 정도의 온도에서 졸인다. 별도로 달걀흰자를 충분히 거품을 낸 뒤, 졸인 꿀을 섞어가며 세게 젓는다. 설탕이 결정을 이루며 굳을 때 으깬 견과류를 섞어, 넓은 용기에 납작하게 부어 식혀 굳힌 다음 적당한 크기로 자른다. 아몬드, 땅콩 등의 견과류 외에, 잼이나 설탕에 절인 과일 등을 넣은 것도 있다.

—『일본대백과전서』

언젠가 모스크바 공항 내 상점에서 할바라고 크게 씌어 있는 플라스틱 용기를 발견하곤 흥분해서 들 수 있는 한 한껏 샀다. 비행기를 탄 뒤 당장에 먹어봤건만, 실망이었다. 맛이 없지는 않다. 그러나 이란의 할바와는 하늘과 땅 차이다. 그 무렵 배우러 다니던 다도 선생님께 선물로 가져갔더니, 당장 그날 수업에 등장했다. 선생님도 함께 배우는 사람들도 다들 맛있다고 했다.

"녹차에는 딱이네."

"일본 과자 중에도 이거랑 비슷한 게 있었지?"

"소박하지만 은은하고 감칠맛이 나네."

맛있다. 하지만 다르다. 이라의 할바는 이렇지 않았다. 이리되면 점점 자신이 없어진다. 어린 시절 단 한 입 맛본 것을 내 멋대로 미화하고 있는 것은 아닐까. 그래. 정말 이 맛과 다름없을지 몰라. 행복의 '파랑새'가 실은 가까이 있었다고 알게 되는 틸틸과 미틸, 아니 동경해온 첫사랑을 다시 만나보니 그저 평범한 남자였다는 것을 알게 된 여자 마음이 이런 건가 하고 체념하기 시작할 무렵, 역시 그렇지 않았다는 사실을 알게 되었다.

그리스로 여행 갔다가 돌아온 친구가, "네가 늘 말하던 그 할바라는 과자, 아테네에서 발견했어"라며 초콜릿처럼 생긴 것을 전해주었다. 빨간 바탕에 금색으로 'ХАЛВА'라고 인쇄되어 있다. 맞다. 키릴 문자는 그리스 문자에 기원을 둔다고 옛날에 배운 적이 있었지 하고 생각하는데, 포장을 여는 손놀림이 어찌 그리 더디던지. 이윽고 자기도 아직 맛보지 못했다는 친구와 한 조각씩 입에 넣었다.

"와~!!"

아무 말 없이 한 입, 또 한 입, 손이 절로 움직였다.

"아, 이럴 줄 알았으면 그 가게에 있던 거 몽땅 다 사 올걸."

친구가 후회하듯 감탄했을 때 할바는 흔적도 없이 사라진 뒤였다. 이라가 맛보여준 할바의 맛이란, 바로 이거였다.

"천하일품인데!" 친구도 미련이 남는 눈치다.

그때부터 내가 상상한 할바의 판도는 소련 땅에 있는 이슬람 지역뿐 아니라 전 이슬람 지역으로 확장되었다. 동유럽의 옛 오스만투르크 지배 아래 있던 나라들에까지도 눈독을 들이기 시작했다. 불가리아의 소피아, 루마니아의 부쿠레슈티에서도 할바를 본 적은 있다. 그러나 20년 전에 그 친구가 그리스에서 사다준 할바에 견줄 만한 맛은 아직 찾지 못했다.

이디시^{Yiddish}어로 'halva', 터키어로 'helva', 아라비아어로는 'halwa'라고 쓰는데, 모두 다 똑같은 과자를 일컫는다는 사실을 알게 되었다. 터키와 아라비아에 있는 나라들은 아직 가보지 못했다.

아마도 독일인이나 체코인은 할바를 흉내 낸 과자를 터키꿀엿이라 이름 지은 것은 아닐까. 집에 있는 프랑스어 사전 『로베르 소사전』에는 'halva'라는 표제어가 있고 "터키의 엿 과자. 참기름, 밀가루, 꿀, 아몬드(또는 땅콩이나 피스타치오) 등을 섞어 만든다"라고 나와 있다.

가지고 있던 『랜덤하우스 영어사전』에는 'halva'라는 표제어는 없고 대신 'halvah'가 나와 있는데, "주로 빻은 참깨와 꿀로 만든, 터키가 기원인 캔디"라고 설명되어 있다. 'Turkish Honey'라는 표제어는 없었지만, 영어 요리책에는 'Turkish Honey Almond Cake' 만드는 법은 나와 있다.

재료

· 흑설탕 1컵

· 백설탕 작은 술 3

· 달걀흰자 21그램

· 꿀 250밀리그램

· 인스턴트 커피 작은 술 1

· 시나몬파우더 작은 술 1

· 육두구 작은 술 1/2

· 클로버파우더 작은 술 1/2

· 밀가루 2컵

· 베이킹파우더 작은 술 3

· 아몬드파우더 또는 아몬드슬라이스 100그램

· 살구잼 작은 술 2

조리법

· 오븐을 180도까지 미리 데워둔다.

· 흑설탕, 백설탕, 달걀흰자를 섞어 몽실몽실하게 연갈색 거품을 만든 다음, 꿀과 커피 가루를 넣어 고루 섞일 때까지 천천히 젓는다.

· 여기에 밀가루와 베이킹파우더를 잘 섞어 향신료와 함께 아몬드파우더 또는 아몬드슬라이스를 분량의 반만 붓고 잘 젓는다.

·케이크 틀에 버터를 바른 다음, 앞의 것을 붓고 나머지 아몬드로 장식한다.

·170도 온도의 오븐에서 45분 정도 굽는다.

·알맞게 잘 부풀어 올라 구워졌으면 오븐에서 꺼내 10분 간 식힌 다음 틀을 벗긴다.

·데운 살구잼을 케이크에 바른다.

이는 보통 케이크 만드는 법과 같아, 터키꿀엿과는 한참 멀어 보인다.

『랜덤하우스 영어사전』에서 'Turkish Delight'라는 표제어를 찾았다. "터키 과자. 젤라틴에 가루설탕을 뿌린 젤리. 규히牛皮엿의 일종"이라는 설명이 있다.

> **규히求肥엿** 반죽한 찹쌀 경단을 쪄서 설탕, 물엿 등을 넣고 가열해 굳힌 과자. 부드럽고 탄력이 있다. 규히엿, 규히 당. 원래는 牛皮라고 썼다. 원래 색깔이 소가죽 같아서 붙인 이름이지만 육식을 금기했기 때문에, 이 글자 대신 발음이 같은 求肥를 쓴다.
>
> ——『다이지린大辭林』 제2판

이 대목에서 나는, 혹시! 하고 외쳤다. 할바를 먹었을 때 왠지 모르게 느꼈던 그리운 맛은 실은 여기서 왔는지 모른다. 그런데 영국에서 실제로 'Turkish Delight'라는 과자를 먹어본 적이 있는 일본인은 모두 입을 모아, "그딴 건 두 번 다시 먹고 싶지 않아!" 하고 질색을 한다. 이 책의 담당편집자 F 씨도 그중 한 사람이다.

"그건 영국 사람들도 맛없다고 할 걸요?"

F 씨는 제목도 저자도 생각이 안 나지만 옛날에 읽은 추리소설 중에, 범인이 터키시 딜라이트(더구나 민트 맛)에 독극물을 넣어 살인을 저지르는 내용이 있었단다. 끈적끈적하고 텁텁한 단맛이라 죽은 피해자 외에는 주위에 아무도 입에 대려는 사람이 없다는 설정이었다고.

그리스정교회의 미술과 역사를 배우고 있는 하야카와 요시아키 씨는 루마니아 전문가이기도 하다. 그는 'Turkish Delight'는 'Loukoum Rahat'이 아닐까 하고 지적했고, 내게 편지까지 보내주었다.

"저는 'Turkish Delight'는 터키어로 'Loukoum'이라 불리는 과자가 아닐까 하고 생각합니다. 'Loukoum'은 루마니아어로 'Rahat'으로 불리며, 양쪽 다 일본의 규히엿보다 좀 더 딱딱한 느낌으로 네모난 캐러멜에 가루설탕을 뿌린 것입니다. 지금 일본에 유학 중인 루마니아인 친구는 이 과자를 양갱과 비슷하다고 설명합니다만, 저는 캔디나 하부타에모치_{견직물 같은 감촉이 나는 떡} 아니면 나마야쓰하시_{얇은 찹쌀떡과 비슷한 것} 같다고 사람들에게 설명합니다. 과일이나 민트 맛도 있습니다만, 제 짧은 경험으로는 견과류가 들어간 것은 아직 보지 못했습니다."

실제로 먹어본 사람의 말이라 이렇게 설득력 있나 보다. 그래서 인터넷의 영영사전에서 'Lokum'을 찾아보나 'Rahat'을 찾아보나 Turkish Delight와 같은 것이라고 나오니 틀림없으리라.

> **Loukoum** Rahat Loukoum과 동의어. 동양의 엿 과자. 설탕으로 코팅, 혹은 가루설탕을 뿌린 향신료가 든 파테^{pâte, 밀가루를 이긴 것}.
>
> ─『로베르 소사전』

> **PaxaT-JIyKyM** 라핫 루쿰
> 설탕, 전분, 호두 등으로 만드는 오리엔트 지방의 과자.
> ─『이와나미 러시아어 사전』

얼마 뒤 스페인어 통역사 요코타 사치코 씨가 "이거 스페인 사람들이 자랑하는 국민 과자인데, 폴보론^{Polvoron}이라는 거예요" 하며 맛보여줬을 때, 나는 이렇게 외치고 싶은 마음을 참을 수 없었다. 아아, 이건 라쿠간^{볶은 곡물가루에 설탕, 물엿, 소금, 물을 조금 넣어 반죽한 다음 틀에 찍어 말린 과자}과 할바의 아들이라고.

"이거, 시칠리아에서 먹은 거랑 똑같네" 하고 거의 동시에 외친 이는 이탈리아어 통역사 다마루 구미코 씨. 맞다. 스페인도 시칠리아도 중세에는 이슬람교의 지배 아래 있었지, 하고 생각할 틈도 없이, 영어 통역사 다나카 사치코 씨의 말이 들려온다.

"이거, 인도에서 먹었던 할루아라는 과자랑 비슷하네. 얼마나 맛있던지, 만드는 법을 적어 온 게 어디 있을 거예요" 하더니 이튿날 팩스로 보내주었다.

재료

·거칠게 빻은 밀가루 100그램

·버터 25그램

·가루설탕 50그램

·건포도 26그램

·호두 59그램(땅콩이나 아몬드 등 다른 견과류도 좋음)

·바닐라에센스 1밀리그램

조리법

·냄비에 버터를 녹여 조금씩 밀가루를 넣어가며 노릇노릇해질 때까지 섞는다.

·건포도는 씻어서 30~40분쯤 물에 불린다.

·불린 건포도와 호두를 잘게 썰어 바닐라에센스와 함께 냄비에 넣고 약한 불로 30분 정도 계속 젓는다.

· 식혀서 디저트로 낸다.

할루아도 맛있지만 역시 할바와의 낙차를 메꾸기는 어렵다.

그로부터 얼마 뒤 책 한 권을 구했다. 전설적인 역사학자에 언어학자요, 외교사연구가이자 요리연구가 W. 포흘레브킨의 마지막 저서 『요리예술대사전—요리법 첨부』이다. 이전엔 할바에 대해 찾을 수 있는 한 찾아봐도 나오지 않았고, 나와봐야 그저 한두 줄 있을까 말까 했는데, 한 쪽이나 할애하여 상세히 기술하고 있다.

중앙아시아, 서아시아, 발칸반도에서 먹고 있는 달콤한 과자. 이란에서 기원한 것으로 추정되며, 오래전(페르시아 전쟁, 즉 기원전 5세기 즈음)부터 알려졌다.

이란에서 할바 기술자들은 간다랏치라고 불린다. 지금도 이들은 다른 요리사와는 구별되는 특별한 요리인으로, 할바 제조는 특수한 훈련을 필요로 하는 기술이라는 것을 알 수 있다. 할바에는 수백 종류가 있는데, 대다수 서민들처럼 간다랏치들이 문맹이었던 것을 고려하면 실로 오랫동안 그 제조법은 문서가 아니라 실천에 의해 대물림해온 것이요, 고도의 기억력을 필요로 했으리라. 기술자들이 손수 만드는 할바가 아직 남아 있는 곳은 이란, 아프가니스탄,

터키뿐으로, 이 지역에서만 최고의 할바를 먹을 수 있다. 공업 생산된 할바는 수제에 비해 질이 형편없이 떨어지고, 쉽게 말라 깨지기 마련이며, 금방 기름이 떠 쓴맛이 난다.

(…) 할바의 성분은 지극히 단순하다. 설탕과 꿀, 비누풀의 뿌리줄기, 유분이 많은 재료(아몬드 등의 땅콩 종류나 해바라기 씨나 참깨 씨), 거기에 녹말가루가 끈끈이 역할을 하고, 그 외 많은 향료를 가미한다. 이 평범하기 그지없는 재료가 할바로 변모하기 위해서는 모든 재료—설탕이며 땅콩류, 가루—가 포말 상태가 되어야 한다. 바로 여기에 갖가지 기술이 동원되며, 그 많은 기술은 오늘날에도 간다랏치 각자의 기업비밀이다. 이는 근대의 공업 생산으로는 도저히 흉내 낼 수 없을 것이다. 포말 상태가 된 각각의 재료, 즉 설탕의 거품과 땅콩의 거품을 이어주기 위해서 비누풀의 뿌리줄기가 쓰인다. 이 끈끈이를 만드는 요령이며 갖가지 향료를 섞는 요령이며 가열해 향료를 섞는 타이밍도 간다랏치들마다 비법이 다르다.

(…) 간다랏치의 손에 잘 만들어진 할바는 식어도 공기처럼 가볍고 부드러운 일품이다. 즉 땅콩류가 들어간 섬세한 수플레와 섞인, 미세하기 이를 데 없는 설탕의 결정이 입안에서 사각사각하다가 어느새 녹아버리기 때문이다. 그러나 공업 생산된 할바는, 거품 내는 과정을 적당히 하므로 설탕이 사탕처럼 땅콩류에 들러붙어 타게 된다. 이는 땅

콩류의 비율보다 설탕의 비율이 더 높다는 증거이지만, 제대로 된 할바라면 그 반대여야 한다.

이슬람권의 인접 지역, 예를 들어 코카서스 북부나 북아프리카에서는 종종 누가와 비슷한 것을 할바라고 부르는 경우가 있다. 설탕과 녹인 버터에 견과류와 밀가루 등을 노릇해질 때까지 볶아 섞는 것으로 재료는 같지만 다른 음식이다. 할바란 우선 일정한 밀도와 끈기와 온도가 될 때까지 재료에 거품을 낸 결과요, 둘째로 이렇게 해서 생긴 여러 가지 거품을 섞은 다음 저어가며 식히는 기술이다. (밑줄 저자) 그렇기에 할바는, 과자의 품질도 맛도 끈기도 재료에 의해서도 아닌, 어디까지나 조리하는 기술에 좌우된다는 것을 말해주는 좋은 예라 할 수 있다.

할바에 대한 열정이 넘치는 저자 포흘레브킨의 문장을 눈으로 좇으며, 이라가 맛보여준 나에겐 최고였던 할바보다 더 맛있는 할바가 이 세상에 있다는 사실을 알게 되었다.

또한 누가와 터키꿀엿과 할바와 규히엿과 라쿠간과 폴보론은 혈연관계에 있다는 것도 확신했다. 이렇게 생각하니, 고대에서 중세에 걸쳐 유라시아 대륙이 여러 유목민이나 상인들로 맺어져 있던 정경이 눈앞에 어린다. 프라하의 학교에서 다민족 급우들이 할바에 군침을 삼키던 광경은 그 연장선상에 있던 한 가지 에피소드였던 것이다.

하루에 여섯 끼

우리 가족이 프라하로 이주한 때는 1959년 11월로, 이미 기온이 영하 10도를 밑도는 날이 계속되고 있었다. 우리가 정착한 곳은 가구가 딸린 6층짜리 아파트의 4층이었다. 다른 건물과 마찬가지로 우리 집도 모든 창문이 이중으로 되어 있어, 바깥쪽 창문과 안쪽 창문 사이에 꼭 벽 두께만큼인 20~30센티미터 정도 공간이 있었다. 이 틈새는 겨울만 오면 냉장고가 된다. 어머니는 창 너머로 무엇이 있는지 금세 보이니 잊고 있다가 썩힐 걱정도 없다며 고기며 채소며 먹다 남은 음식까지, 아무튼 모든 먹을거리는 온 집 안 창마다 진열하셨다. 옥외는 냉동고가 된다. 바깥쪽 창에 만두를 한가득 담은 비닐봉지를 달아두면, 바람이 부는 날엔 언 만두가 딸깍딸깍하고 무슨 악기 같은 소리를 낸다. 근처에 사는 한국인 김 씨 아주머니께 배운 양배추 김치도 많이 만들어 발코니에 내놓으면 이른 봄까지 먹을 수 있었다.

물론 여름이 되면 이 '냉장고'는 쓸 수 없다. 그렇다고 아쉬워한 적은 없다. 우리 아파트에는 1평 정도의 헛간이 있었기 때문이다. 그곳만은 난방용 온수 파이프도 없었고, 아파트 지하부터 맨 위층까지 통하는 좁은 공간과 접하고 있어, 아래에서부터 찬 공기가 회오리쳐 올라왔다. 덕분에 이 헛간에만 들어가면 아무리 한여름 더위라도 서늘했던 것이다. 여기에 음식을 두면 냉장 보관만큼은 아니지만 유통기한을 늘릴 수 있었다.

12월이 되면 프라하 거리 여기저기에 노점상이 생긴다. 노점 가판대에는 전나무나 현관을 장식할 크리스마스리스가 빼곡히 쌓인다. 노점 옆에는 물이 담긴 큰 항아리가 놓여 있다. 손님의 주문에, 점원은 항아리에 두 손을 집어넣어 거무스름한 물고기를 꺼내 고기가 퍼드덕거리는 채로 도마 위에 올린 다음, 거대한 쇠망치로 대가리를 내리친다. 그 물고기는 잉어다. 바다와 접하지 않은 체코에서는 크리스마스이브 날이면 잉어를 먹는다. 튀겨서 먹는데 맛을 보면 심한 흙내가 난다. 그래도 매년 이브 때면 체코 사람들은 맛없다는 표정을 지으면서도 잉어 튀김을 먹는다. 이브에는 고기를 먹어서는 안 되기 때문이다.

불현듯 바닷고기가 먹고 싶어지면 프라하 중심가인 바츨라프 광장에 있는 유일한 해산물 가게, 오케안에 가야 한다. 운이 좋으면 썩 신선하지는 않지만 생굴이나 참치를 살 수는 있다. 그게 싫으면 생선은 병조림이나 통조림으로 견딜 수밖에 없다.

생선을 먹을 수 없는 것도 참기 힘든데, 겨울에 채소와 신선한 과일이 엄청나게 줄어드는 것은 일본인에게는 견디기 힘든 일이다. 채소 가게에는 있어봐야 감자, 당근, 양파, 양배추요, 과일이라곤 사과 한 종류뿐이다. 대신 초절임한 병조림이나 소금 절임 채소는 풍부하다. 토마토나 피망까지 초절임으로 팔고 있다. 가끔 수입 오렌지가 가게에 나오면 당장에 긴 행렬이 생긴다. 그것도 한 사람당 1킬로그램이나 2킬로그램으로 한정되니, 일가가 총동원되어 줄을 서야 했다.

봄에서 초가을까지는 차례로 제철 채소와 과일이 나와 눈과 배를 만족시켜준다. 채소도 과일도 일본보다 맛이 진한 것 같다.

당시에는 지금처럼 일본 식료품점이 없어, 가끔 일본에서 부쳐오는 식료품은 굉장한 귀중품이었다. 기껏해야 된장, 간장, 김, 우메보시매실 장아찌, 말린 버섯 정도였으니 나머지는 현지 재료로 꾀를 내어 일본 요리를 만들었다. 쌀은 북한 쌀이 들어왔다는 정보가 들어오면 줄서서 사야 했다. 밥을 하면 퍼석퍼석해지는 길쭉한 쌀은 언제든지 살 수 있지만, 북한 쌀이 그나마 일본 쌀과 제일 가깝고

찰져 우리 입맛에 맞았다. 문제는 돌이며 쥐똥 같은 것이 섞여 있어, 쌀을 흰 종이 위에 부어놓고 불순물을 골라내야 하는 번거로움이었다. 그래도 그런 수고를 할 가치는 있었다.

7년간의 폴란드 생활을 책으로 펴낸 구도 히사요의 명저 『바르샤바 가난뱅이 이야기』에는, 어패류 박람회에 출품된 장어나 오징어를 주최 측과 교섭해 전시회가 끝난 다음 사들여 구이나 튀김을 만든 이야기라든가, 교외로 하이킹 가다가 농가 정원에 핀 매화를 보고는 열매가 열리면 좀 나누어달라고 집주인에게 부탁하여, 때를 보아 우메보시를 만드는 이야기가 나온다. 이런 집념과 창의력에 비하면 우리 집은 발끝에도 못 미친다는 것을 통감했다. 그래도 나름대로 눈물겨운 노력을 했다. 빵가루와 맥주를 섞어 발효시킨 것에, 오이며 양배추, 당근 등을 넣어 절여서 누카즈케를 만들어 먹었다. 혹은 베르미첼리라는, 실처럼 가는 스파게티를 삶아 간장으로 맛국물을 내서 '국수 스파'도 해봤다. 낫토가 먹고 싶어 미생물학자인 삼촌께서 학회차 프라하에 오신다는 연락에 부탁드렸더니 낫토 균을 비커에 넣어 가져오셨다. 콩을 어찌어찌 구입하여 시행착오를 거듭하였으나 결국 성공하지 못했다.

체코 요리는 오스트리아 요리에 가깝고 돼지와 그 가공품(햄, 소시지)이나 닭고기를 많이 쓴다. 차가운 전채 요리, 특히 카나페 종류는 놀라우리만큼 풍부하며 크네드리키라는 찐빵에는 독창성마저 보인다. 크네드리키는 고기 요리에 곁들일 수도 있고, 은행이며 자두 졸임을 쪄서 코티지 치즈와 설탕을 뿌려 먹어도 맛있다.

내가 참 좋아하고 지금도 가끔 만드는 요리 중에 스파넬스키 프타체크('스페인의 작은 새'라는 뜻)라는 것이 있다. 스페인다운 점은 하나도 없다. 쇠고기 요리인데 어째서 그런 이름이 붙었는지 알 만한 사람들에게 물어봐도 만족스러운 대답을 듣지 못했다.

쇠고기 등심살을 가볍게 두드려 늘인 다음 한 면에 겨자를 바르고 햄이나 베이컨을 깐 뒤, 삶은 달걀 4분의 1, 소금에 절인 오이, 살짝 익힌 양파 4분의 1을 올려 고기와 베이컨으로 싼 다음 이쑤시개로 고정한다. 돼지기름을 둘러 달군 냄비에 이것을 넣어 노릇하게 굽는다. 이 냄비에 콩소메 수프를 붓고 뚜껑을 닫은 다음 고기가 다 익을 때까지 삶는다. '작은 새'를 냄비에서 꺼낸 다음 육수가 우러난 수프에다 버터에 볶은 밀가루를 넣어 소스를 만든다. '작은 새'에 크네드리키를 곁들여 소스를 얹으면 완성.

최근에 이베리아 항공기를 탔더니 이것과 똑같은 요리가 나와 서둘러 메뉴를 읽어보니, 그저 '쇠고기 롤 찜'이라고만 되어 있었다. 스튜어디스에게 물어보니 스페인 가정 요리라고 가르쳐줘서 어릴 때의 의문이 풀려 기뻤다.

체코는 기본적으로 하루 세 끼다. 아이들의 경우는 간식까지 합해 네 끼. 그러나 나와 여동생이 다니던 소련 학교의 러시아인은 하루 여섯 끼였다.

아침에 집에서 첫 끼니를 먹고 학교에 간다. 오전 8시에 1교시가 시작되고, 2교시와 3교시 사이의 조금 긴 쉬는 시간(30분)에는 선생님과 함께 식당에서 가벼운 식사를 한다. 오픈 샌드위치에 과일 졸임, 햄버거에 장미 열매 홍차, 소시지와 흑빵 그리고 코코아 등이다. 이것을 두 번째 아침식사라 불렀다.

10시경에 두 번째 식사를 하니 점심은 2시쯤이 된다. 아이들은 대개 집에 가서 먹지만 희망자에게는 학교 기숙사 식당에서 급식이 나온다. 전채, 수프, 주 요리, 디저트가 나오는 풀코스로, 구미가 당기면 얼마든지 더 먹을 수 있다. 전채 요리는 생선과 채소를 곁들인 차가운 요리가 많다. 정어리 통조림에 피클을 버무린 것이나, 청어 초절임과 채 썬 양파 등. 수프는 보르시치나 미네스트로네처럼 건더기가 많은 것에서부터 크림수프며 묽은 수프까지 여러 종류가 있다. 주 요리는 고기 요리와 탄수화물의 조합이다. 비프스테이크와 감자튀김, 로스트치킨과 버터라이스, 소스를 곁들인 편육과 마카로니 등이다. 디저트는 과일이 들어간 과자가 많다. 그중에서도 앵두 젤리는 정말 맛있었다. 러시아 아이들은 방과 후 집에 가서 간식과 저녁과 야참을 먹는단다.

6월 1일에서 8월 31일까지 꼬박 3개월간의 여름방학 동안 학교가 주최하는 숲 속 여름학교에 참가했는데, 이 하루 여섯 끼의 실태를 실제로 체험할 수 있었다.

아침 7시에 기상. 아침 체조를 하고 조례를 한 다음 8시쯤 첫 아침식사를 한다. 우선 그 양이 엄청나다. 요구르트나 사워크림, 달걀 요리(삶은 달걀, 오믈렛, 스크램블드에그 등), 햄 또는 소시지, 한껏 먹을 수 있는 흑빵이나 흰 빵, 또 쌀이나 밀을 갈아 만든 죽(설탕을 넣고 여기에 녹인 버터를 곁들인다)이다. 음료는 홍차, 커피, 코코아.

방학숙제가 전혀 없었기에, 식사 이외의 시간은 아이들의 재량에 맡겨졌다. 캠프는 얼마나 즐겁게 노느냐가 목적인 곳이다. 그러니 캠프에 도착한 그날로 매일 뭘 하고 놀지 한바탕 토론이 벌어진다. 강에서 보트경기며 온종일 걸리는 숨바꼭질에 하루 내내 전쟁놀이, 혹은 근처 농장에서 앵두 수확을 거든 다음 배불리 얻어먹기 등등.

어지간히 놀고 난 오전 10시~11시 사이에 두 번째 아침식사를 한다. 이건 조금 가볍다. 학교에서 먹는 정도와 같은 종류고 양도 비슷하다. 소풍 갈 때는 도시락으로 가지고 갈 때도 있다.

오후 1시쯤 점심. 가장 푸짐하고 맛도 제일 좋다. 학교에서 먹던 점심과 종류나 구성이 거의 비슷하다. 여름학교 부지 내에서 기르던 닭이나 오리가 어느 날 갑자기 사라졌다 싶으면 이미 요리된 뒤라는 점만 학교와 다를 뿐.

점심을 먹은 다음엔 반드시 두 시간 정도 낮잠을 푹 자야 했다. "아르키메데스 원리에 의해, 점심을 잔뜩 먹은 다음엔 푹 자야지요" 하는 노래 가사도 있었다.

낮잠에서 깨어나면 오후 4시쯤에 간식을 먹는다. 밀가루로 만든 과자에 커피나 홍차를 곁들인다.

오후 행사를 마치고 7시쯤에 저녁을 먹는다. 저녁은 수프 없이 전채와 주 요리, 그리고 디저트가 나온다.

저녁을 먹은 뒤에는 음악을 듣거나 춤을 추고, 1주일에 2번은 식당에 스크린을 설치해 마을 영화관에서 빌려온 영화를 선생님이 영사기를 돌려 보여주셨다.

자기 전 10시쯤은 야참 시간이다. 사워크림과 요구르트를 반반 섞은 듯한 신맛이 강한 유제품을 마신다. 프로스토크바샤라 한다. 아마도 소화를 돕기 위해서이리라.

물론 하루 여섯 끼는 성장기 아이들을 위한 표준으로, 성인 러시아인은 아침, 점심, 저녁과 티타임의 하루 네 끼가 표준이다.

그러나 러시아 요리의 역사나 식재료의 역사에 관한 책을 뒤져본 바로는 최근까지, 즉 20세기 초 정도까지 러시아의 시골에서는 하루 다섯 끼가 표준이었다는 것을 알게 되었다. 에도 시대 일본 백성들의 하루 두 끼 식사와 비교하면 그 얼마나 사치란 말인가 하고 생각했다. 그런데 1893년 G. 카타예프라는 사람이 세미플라친스크 군郡 부근 일티시 강변 농가의 생활을 조사하여 남긴 기록을 보고 나서 생각을 또 고쳐야 했다.

> **정진기의 평일** 고기, 달걀, 유제품을 먹을 수 없다. 생선은 가능
>
> **오전 5시** 홍차와 흰 빵
>
> **오전 9시** 위와 동일
>
> **정오** 알타리무, 생선, 흑빵, 크바스호밀을 발효시킨 신맛 나는 음료
>
> **오후 5시** 홍차와 흑빵
>
> **오후 9시** 점심때 먹고 남은 것
>
> **비정진기의 평일**
>
> **오전 5시** 홍차, 우유, 건빵
>
> **오전 9시** 위와 동일
>
> **정오** 양배추와 고깃국, 우유, 크바스, 흑빵
>
> **오후 5시** 홍차, 우유, 건빵
>
> **오후 9시** 점심때 먹고 남은 것

달걀이며 유제품을 포함한 동물성 음식이 모두 금지된 정진일이 1년에 200일이나 되는데도, 농민들이 철저히 이

를 지켰다는 것을 생각하면 얼마나 간소하고 단출한 식생활인가. 하루 다섯 끼라는 전통만이 여름학교의 다섯 끼 식사와 야참(소화촉진용 유제품)으로 계승되었으리라.

20년 이상 러시아어 통역을 해왔고 그럭저럭 200번 이상 소련을 드나들며 그네들과 사귀어온 내가, "아침은 자신을 위해 먹고, 점심은 친구와 나누고, 저녁은 적에게 줘라!"라는 러시아 속담을 인용하면 대개는 공감해준다.

"호, 꽤 정곡을 찌르는 말을 할 줄 아네, 러시아인도."

아마 압도적으로 많은 사람들이 그렇게 해야겠다고 마음먹으면서도 실천하지 못하는 것이리라. 의사들은 정말 그렇게 말한다. 아침은 흡수가 잘되니 충분히 영양을 섭취하고, 점심은 즐겁게 천천히 먹고, 취침 네 시간 전부터는 아무것도 먹지 않는 게 좋다고. 우리 스스로도 경험으로 잘 알고 있다. 몸 상태가 좋으면 아침이 맛있고, 잔뜩 배불리 먹고 잔 이튿날 아침은 위가 무거워 몸이 나른해진다는 것을. 늦게 먹는 푸짐한 저녁은 비만을 부르고 건강을 해치는 원흉이라고.

알면서도 현대사회에서 살려면, 아침은 거르거나 황급히 입에 쑤셔 넣고, 점심은 되도록 시간을 아껴 대충 때우는 대신 그 시간적, 양적 보상을 저녁으로 몰게 된다. 이는 세계적인 경향으로, 『보바리 부인』을 쓴 19세기 프랑스의 작가 플로베르도 『통상 관념 사전』国내 번역본: 진인혜 옮김. 책세상.

2003년 출간에서 이렇게 쓰고 있다.

> **저녁**(dîner) 옛날에는 정오에 디너(옛날에는 점심을 의미했다)를 먹었으나, 지금은 '대단히 늦은' 시각에 디너(저녁을 의미하게 된 것은 19세기 전기)를 취한다.

그리하여 러시아인의 평균 저녁식사 시간은 예나 지금이나 9시쯤이다. 어떨 때는 11시까지 끌기도 한다. 혹시나 해서 아는 러시아인 친구에게 그 속담을 들려주었다. 그랬더니 "음, 꽤 똑똑한 말이네" 하고 납득이 간다는 표정을 짓더니, 일반론과 본심은 다른지 이내 한다는 소리가 이렇다.

"그런데 말이지, 러시아인에겐 그런 속담은 해당이 안 돼. 적에게 줄 저녁을 이 몸이 드신 다음 자기 전에 프로스토크바샤를 마셔두면 이튿날 아침엔 소화가 다 돼 있거든."

휴
식

'베어 먹기 시리즈' 이해하기

모스크바에 부임해 있는 대학 후배 S는 저널리스트로서는 공격적인 논지에 문장도 면도날처럼 날카롭지만, 평소에는 서글서글하고 부드러운 호감형이다. 하루는 S가 전화를 걸어왔다. 수화기를 들자마자 까칠하게 받아서 다른 사람인 줄 알았다.

"곤란해요, 선배. 아니 무지무지 난감해요."

혹시 농담인가? 농담치고는 목소리에 가시가 있다.

"자, 잠깐. 대체 무슨 일인데?" 하고 말하면서, 한 달 전에 모스크바에 들렀을 때 혹시 무슨 원한을 산 일이 있나 싶어 열심히 기억을 더듬어본다. 좋아한다는 긴쓰바^밀_{에 밀가루 반죽을 입혀 납작하게 구운 과자}나 말린 비지를 가져갔을 때는 그렇게 좋아하더니, 대체 무슨 일이지?

"선배님, 저희한테 무슨 원한이라도 있습니까?"

S 군의 부인 M도 거든다. 상냥한 M에게 이런 말투는

처음 듣는다.

"아아아아아니, 그럴 리가 있어?"

나는 그저 간신히 부정해볼 뿐이다.

"선배가 그렇게 배려 없는 사람인 줄 미처 몰랐어요. 마음에 새겨두겠어요."

나도 모르게 무슨 말로 그들의 가슴에 못질을 한 걸까? 사실 평소 내 혀가 말썽을 부려왔지만, 이번만은 짚이는 게 없다. 또 여기저기 불씨를 흘리고 다녔나 보다. 아아, 그렇다면 모스크바에 갈 때마다 S의 부인이 손수 해주는 맛있는 요리를 얻어먹는 즐거움도 사라지는 건 아닐까. 안 된다. 그것만은 무슨 일이 있어도 피해야겠다. 무슨 수가 없을까 하고 방법을 찾고 있는데, S의 원망 어린 목소리는 계속 들린다.

"아니, 배려가 없는 정도가 아니죠."

"맞아요. 그건 너무 부드러운 표현이에요."

"그래, 분명 악의가 있어. 사디즘이야. 잔혹할 정도야."

"맞아요, 맞아. 그때부터 우리가 얼마나 괴로워했는지 아세요?"

아예 원성을 높이며 콤비로 만담을 시작한다. 무슨 말인지 전혀 감을 잡지 못한 채 가만히 듣고 있자니 슬슬 부아가 치민다.

"아니, 대체 무슨 일인지 알아야 변명이라도 하지."

"시치미 떼지 마세요. 다 계획한 거면서."

"그러니까 뭐냐구."

"예? 정말 무슨 말인지 모른단 말씀이세요?"

"그러니까 빨리 말하라니까!!"

"그 책 때문입니다."

"무슨 책?" 하고 말하면서도 짚이는 게 있다. 나는 여행 도중에 다 읽은 책은 현지에서 장기 체류 중인 사람들에게 나눠주고 온다(그들은 예외 없이 모국어 활자에 굶주려 있어, 무척 고마워한다. 뿐만 아니라 그 책은 현지 주재원들 사이에서도 돌려 읽으며 화제가 된단다. 아무튼 책으로 태어나 그렇게 호강하기도 어려울 테니 권해본다). 자원의 효율적 이용을 겸한 자선사업을 실천하고 있는 나로서는 S에게 무슨 책을 주고 왔는지 생각해내려고 필사적으로 애를 쓴다.

"아직도 모르겠어요? 선배도 노화 현상으로 점점 둔해지시네요."

어째서 책을 주고도 상대에게 이런 말을 들어야 하나. 억울한 마음을 참으며 열심히 생각해내려 하지만 역시 모르겠다.

"그 단무지엔 정말 못 당하겠더구요. 그런 책을 두고 가실 땐 단무지며 어묵튀김도 같이 두고 가셔야죠."

이제야 보인다. 『단무지 베어 먹기』 때문이구나. 그걸 두고 와서 이런 탈이 난 거로군. 몹쓸 짓을 했네. 가슴 깊이 반성하는 마음이 막 들려던 참인데 전화 저쪽에서는 여전히 투덜댄다.

"아니, 설령 단무지에 어묵튀김을 두고 갔다손 치더라도, 군침 도는 장어덮밥에 환상의 라면은 또 어떻게 하나요. 그런 걸 이 모스크바에서 읽게 하다니 너무한 거 아네요?"

"안 읽으면 되잖아."

나도 모르게 또 말이 미끄러진다.

"무슨 말씀이세요, 선배님. 안 읽을 수만 있다면 이렇게 괴로울 리가 있겠어요?!"

이로 인한 첫 번째 교훈. 음식 책은 절대로 해외 장기 체류자에게 보여줘서는 안 된다. 반대로 그 교훈을 응용해서, 골탕 먹이고 싶은 사람이나 복수하고픈 사람이 해외에 장기 체류하고 있다면 확실한 수단이 될 것이다.

한편, 여기서 화제가 된 '베어 먹기 시리즈'는 모스크바로 가는 비행기에서 읽은 것이다. 책을 읽으면서 어찌나 깔깔거렸던지 옆자리에 앉은 러시아인 아저씨의 호기심을 발동시켰나 보다. 그의 거대한 체중이 조금씩 이쪽으로 옮아오는 것이 느껴졌다. 아저씨는 더 못 참겠다는 듯이 입을 뗐다.

"도대체 뭐라고 씌어 있나요?"

그래, 이 재미를 어떻게든 전해줘야지. 이거야말로 민간

문화교류가 아닌가. 그런 숭고한 마음으로, 라기보다는 족히 내 두 배는 될 듯한 거구의 압박에서 빨리 해방되고자 나의 러시아어 능력을 총동원했다. 분명한 것은 방사선의학이나 유전공학에 관한 회의에서 통역하는 것보다 훨씬 힘들었다는 점이다.

아무튼 장아찌, 단무지, 어묵튀김, 장어덮밥…… 이런 아무것도 아닌 단어에서 걸려 말과 시간 낭비를 해봤자, 결국 상대방에게는 전혀 와 닿지 않는 반응인지라 피로함과 허무함만이 남았다. 아, 언어의 장벽 앞에 버티고 선 높고 두터운 문화의 장벽이여.

이렇게 하여 얻은 두 번째 교훈. '베어 먹기 시리즈'를 외국어로 번역하려는 당찬 야망은 아예 품지도 말 것. 바꿔 말하면, 이런 시리즈를 즐기려면 지극히 엄격한 조건이랄까 자질이 필수적이다. 우선 일본어를 이해할 것. 특히 일본의 극히 일상적인 식생활을 해본 적이 있을 것. 이런 평범한 조건이 외국인에게는 꽤 어렵다.

그러나 바꿔 말해, 이 시리즈를 즐길 정도라면 출신지가 어디든 이미 훌륭한 일본인이 아닐까 하는 생각이 든다. 이것을 읽고 망향의 한을 품는 일본인과 마찬가지로, 당장에 일본으로 날아가고픈 외국인 역시 일본에 대한 열정(사랑이라 바꿔 말해도 좋겠다)을 품고 있다고 봐도 좋지 않을까.

표트르 바일과 알렉산드르 게니스는 그들의 저서 『망명 러시아 요리』 중에서, 사람들이 고향을 그리워하는 이유, 사람들이 고국을 떠나서도 언제까지나 고국에 묶여 있는 이유를 이렇게 의미심장하게 표현했다.

> 사람을 고향과 이어주는 끈에는 참으로 여러 가지가 있을 수 있다. 위대한 문화, 웅대한 국민, 명예로운 역사. 그러나 고향에서 뻗어 나온 가장 질긴 끈은 영혼에 닿아 있다. 아니, 위胃에 닿아 있다. 이렇게 되면 끈이 아니라 밧줄이요, 억센 동아줄이다.

미국에 사는 두 망명자가 얼마나 망향의 한에 몸부림 쳤는지 사무치게 와 닿는 문장이다.

이렇게 하여 얻은 세 번째 교훈. '베어 먹기 시리즈'를 즐길 정도로 이해하고, S 군이나 M 씨처럼 언급된 요리가 참을 수 없이 먹고 싶어지는 사람, 앉으나 서나 그것만 생각나는 사람, 그런 사람은 내가 보증 서겠다. 훌륭한 애국자라고.

아무리 국경일에 일장기를 게양하지 않더라도, 또 기미가요 가사를 다 외우지 못할지언정, 누가 보나 틀림없는 일본인이다. 혹은 진정 '일본을 사랑하는 사람'이다.

세 번째 교훈에 따라, 나라를 사랑하고 있다는 확신이

서지 않는다면 이 시리즈를 읽어볼지어다. 예를 들어 여기에 나오는 「회전냄비」회전초밥처럼 접시마다 가격이 다른 음식 가운데 맘에 드는 것을 직접 고르는 냄비 요리 나타나다」를 읽고 이 가게에 꼭 가보고 싶은 생각이 든다면, 자신의 애국심과 일본인다움에 자신을 가져도 좋지 않을까 싶다.

한편 '베어 먹기 시리즈'는 문고본으로도 나와 이미 13권째2009년 6월, 30권까지 출간란다. 〈주간 아사히〉의 연재는 점점 더 호평을 받고 있다고.

이토록 오래 연재되고 있다면 지금까지 내가 쓴 것 이외에도 또 다른 가치가 있다고 본다. 저자나 편집자가 의식하고 있든 아니든, 역사 자료로서 가치 있다는 점이다. 20세기 후반부터 21세기 전반에 걸쳐, 주로 일본열도에서 살아가는 사람들이 일상적으로 먹는 재료와 요리법과 먹는 법, 더욱이 그 주변 사정에 관해 놀라울 정도로 상세하게 기록하고 있기 때문이다.

이런 사정이 되고 보니 저자 쇼지 씨께는 아무쪼록 오래도록 연재해주십사 부탁하고 싶다.

100년 뒤 혹은 200년 뒤의 사람들이(일본인이라고 말하지 못하는 이유는 온실효과로 일본열도는 바닷속에 잠길지도 모르니, 지금 일본인의 후손들이 얼마나 남게 될지, 혹은 편의점 음식이 급속히 퍼져 지금의 식생활이 얼마나 계승될지 전혀 예측할 수 없으므로) 이 시리즈를 어떻게 해석할지 조금 궁금해진다.

제
2
악
장

드라큘라의 식생활

처녀를 덮쳐 생피를 빨아먹는 드라큘라 이야기는 일본에서 들었을 땐 그저 지어낸 무서운 이야기쯤으로 여겼지만, 아홉 살부터 열네 살까지 부모님의 부임 지역인 체코슬로바키아(당시)의 프라하에서 지내는 동안에는 그 공포감이 한층 더 생생하게 다가왔다.

어느 날 어머니 심부름으로 근처 정육점에 살라미 소시지를 사러 간 나는, 가게 앞에서 벌어진 엄청난 광경에 한참 동안 그 자리에 얼어붙어 단 한 발짝도 움직일 수 없었다.

폭 1미터쯤 되는 가게 문이 활짝 열어 젖혀져 있다. 문지방에는 문이 닫히지 않도록 입구를 가로막은 거대한 사슴 사체가 널브러져 있다. 12월 중순의 한기 속에서 입김을 내뿜는 듯한 하얀 증기가 모락모락 피어오르는 걸로 보아, 아직 온기가 남아 있는 것 같다. 사슴은 젖은 듯한 검은 눈을 크게 뜬 채였고 이마에서는 피가 흘러내리고 있다.

사람들은 그 사슴을 넘어 정육점을 들락거린다. 가게 앞에는 이미 긴 행렬이 생겼다. 줄을 선 사람들은 양손에 양동이를 들고서 뭐가 좋은지 그저 싱글벙글한 표정이다. 우연히 가게 앞을 지나가는 사람들도 그 행렬을 보고는 "앗, 왓, 우와" 하고 괴성을 지르며 서둘러 집으로 뛰어가서는 양동이를 들고 나와 행렬 뒤에 가 선다. 묵직해 보이는 양동이를 든 사람들이 내용물을 흘리지 않으려고 조심스러운 걸음으로 가게에서 차례차례 나온다. 그때마다 줄 선 사람들의 시선은 일제히 양동이를 향한다. 꿀꺽하며 군침을 삼키는 사람도 있다. 양동이에서 역시, 입김을 내뿜는 듯한 하얀 증기가 모락모락 피어오른다. 들여다보니 선홍빛 액체가 찰랑거린다.

아무리 달리 생각하려 해도 붉은 액체는 피가 틀림없다는 생각이 드는 순간, 온몸이 덜덜 떨려왔다. 무섭다. 한시 바삐 여기서 헤어나야지. 하지만 맥이 풀려 발이 떨어지지 않아 간신히 집에 돌아온 나는 어머니께 지금 본 것을 다 말하고는, 앞으로 다신 고기를 먹지 않겠다고 소리를 질렀다. 그러자 어머니는 말씀하셨다.

"바로 얼마 전까지 유럽 사람들은 산으로 들로 짐승들을 쫓아다니며 살았단다. 짐승을 대하면 옛 수렵인의 기억이 되살아나 군침이 돌 정도로 생고기가 먹고 싶어진 대. 그래서 호객행위로 금방 잡은 짐승을 가게 앞에 두는 거래."

이런 말을 듣는다 한들 충격이 가실 리 없는데도 어머니는 말을 이었다. 그렇게 한 달에 두세 번 정기적으로 도살장에서 신선한 가축의 피를 가게에 들여왔고, 사람들은 그날을 기다리는 게 큰 즐거움이라고. 살짝 끓여 젤리처럼 굳으면 스푼으로 떠먹는다는 것이다.

그러고 보니 드라큘라는 트란실바니아 지방(지금의 루마니아와 헝가리 국경지대)에 실존한 백작이란다. 다른 귀족들은 차례로 오스만투르크 군에 항복했지만, 그는 용감히 저항하여 마지막까지 굴복하지 않은 영웅이었다. 농성중에 적이 병참보급로를 차단하는 바람에 할 수 없이 죽은 자의 피와 고기로 연명한 데서 흡혈귀 전설이 생겼다고 한다.

1972년 남아메리카 안데스 산속에 한 비행기가 불시착했다. 그런데 거기에서 살아남은 승객이, 사망한 다른 승객의 인육을 먹는 사건이 일어났다. 먹을 것이 아무것도 없는 극한 상황에서, 인육까지는 아니더라도 먹어본 적이 없는 동물을 입에 댈 수 있는지 여부는 개인의 성향보다는 태어나 자란 문화에 좌우되는 경우가 더 많다고 본다. 식물이라면 몰로키아든 치커리든 처음 볼지라도 그다지

주저하지 않고 입에 댈 수 있을 것이다. 하지만 동물의 경우는 상당한 각오와 용기가 필요하니까.

나 또한 태어나서 처음으로 개구리, 뱀, 곰의 왼손, 사슴 코가 올라온 식탁을 마주했을 때, 선입관을 극복하는 데 온 힘을 다 써버리느라 무슨 맛이었는지 도통 기억이 나지 않는다.

사람의 피를 빨아먹는다는 비약은 일상적으로 짐승의 피를 먹는 식습관을 바탕으로 생겨난 것이라는 생각이 그때 들었다. 제2차 세계대전 후 연합군 점령 아래 일본에서 괴사한 국철 총재의 시신이 온몸의 피가 다 빠진 상태로 발견되었다는 얘기까지 떠올리고 말았다.

"싫어, 싫어요! 이런 사람들 틈에서 살기 싫어요."

절망적으로 신음하는 나에게 어머니는 "아니, 너도 잘 먹으면서 뭘 그래. 살라미 소시지는 거의 핏덩어리잖니" 하신다.

그때 처음으로 '모르는 게 약'이라는 인생의 진실을 곱씹게 되었던 것 같다. 그날 이후 살라미 소시지를 입에 댈 수 없게 되었다……는 일은 전혀 일어나지 않았고, 지금도 무척 좋아한다. 그렇다면 드라큘라가 될 성향도 충분하다는 말이네.

하이디와 염소젖

『알프스 소녀 하이디』는 착한 소년소녀들에게 아동문학의 성서라 할 만한 명작이다. 우리 세대는 책으로, 좀더 젊은 세대는 만화영화로, 알프스의 산과 들에 묻혀 굳세게 자라나는 고아 하이디의 이야기에 매혹된 경험을 공유하고 있다.

당연히 지금도 일본의 출판사가 발행하는 어린이 세계명작 시리즈나 전집의 고정 멤버다. 그럼 전 세계 어린이들이 이 책을 세계명작으로 꼽느냐 하면, 꼭 그렇지는 않은 모양이다.

내가 다니던 프라하의 초등학교와 중학교에서는 5대륙 50개국 이상의 아이들이 책상을 나란히 했지만 『알프스 소녀 하이디』는 아무도 몰랐다. 스위스인 아이가 없어서 물어보지 못했지만 러시아며 체코는 물론이고, 프랑스나 이탈리아 아이들까지 하이디의 '하' 자도 들은 적이 없다고 했다. 혹 번역되는 과정에서 책 제목을 바꿨나 싶어 내용을 들려주었다. 모두들 이야기 자체는 재미있다고 좋아했지만, 하나같이 처음 듣는 이야기란다.

그건 그렇고 매력적인 주인공이나 이야기가 사람의 마음을 지배하는 힘은 대단한 모양인지, 스위스를 찾는 일본인 관광객들 중에는 지금도 소년소녀 시절에 가슴에 새긴 하이디의 모습이며, 하이디가 자란 웅대한 알프스의 자연에 매료된 사람들이 많다. 염소젖을 짜거나 치즈를 만드는 일 등 하이디의 생활을 체험해보는 투어도 꽤 평이 좋단다.

그렇다. 하이디 이야기 중에는 염소젖에 관한 일화가 많이 나온다. 우선 하이디가 처음 산장에 맡겨진 날, 할아버지는 손수 만든 치즈 덩어리를 긴 꼬챙이에 꿰어 알맞게 구워주시며, 방금 짠 따뜻한 염소젖을 내오신다. 하루 종일 걷느라고 목이 마른 하이디는 염소젖을 단숨에 마시며 "이렇게 맛있는 밀크는 이제까지 마셔본 적이 없어요" 하고 탄성을 지른다. 다음 날 염소지기 소년 피터와 산에 올라갈 때 가지고 간 점심은 빵과 치즈, 그리고 기르던 염소에게서 짠 젖이었다.

하이디가 도회지의 부잣집에 맡겨졌다가 적응이 안 돼 다시 할아버지의 오두막으로 돌아왔을 때도 그릇에 가득 찬 염소젖을 들이켜며, "우리 집만큼 맛있는 염소젖은 이

세상 어디에도 없을걸" 하고 집으로 돌아온 기쁨에 젖는다.

　도회지의 부잣집 딸 클라라가 하이디를 보고파 찾아왔을 때도, 할아버지는 "이건 정말 몸에 좋은 거란다" 하면서 염소젖을 내주신다. 클라라는 염소젖을 마신 적이 없어 주저하지만, 하이디가 맛있게 마시는 모습을 보자 자기도 단숨에 들이켜며 설탕과 계피를 섞은 듯한 맛있는 맛이라고 생각한다.

　이것을 읽는 나, 아니 아마도 많은 소년소녀들이 한 번이라도 좋으니 염소젖을 마셔보고 싶은 마음이 드는 것은 당연하다. 하지만 일본에서도, 프라하에서도 그런 기회는 좀처럼 찾아오지 않았다.

　열네 살 여름, 부모님과 함께 알바니아의 해안에서 한 달을 지낸 적이 있다. 그곳 숙소에서 묵은 첫날 아침에 나온 우유를 한 모금 마신 나는 "웩, 이게 뭐야!!" 했다. 강렬한 암내가 코를 찔렀다.

　"염소젖이래." 어머니 말에 당장에 하이디를 떠올리곤, '틀림없이 맛있을 거야. 당연히 맛있을 거야' 하고 주문을 외웠으나 그 냄새와 맛에는 거부반응을 일으켰다. 코를 잡아 쥔 채로 남은 것을 간신히 마셨다.

　그래도 하이디와 클라라, 피터는 그렇게나 맛있게 마셨으니 아마도 식습관 때문일 거야, 하고 스스로 타일렀다. 그렇다면 익숙해질 환경으로는 딱 좋은 셈이다. 아무튼 알바니아에 묵는 동안, 어느 숙소를 가든 밀크, 치즈, 요구르트 등 나오는 모든 유제품마다 암내가 풍겼다. 한번은 생크림을 듬뿍 바른 먹음직한 쇼트케이크가 디저트로 나와서 기쁜 마음에 덥석 베어 물었다가 얼마나 비릿하던지 당장 뱉은 적도 있다.

결국 나는 염소젖을 맛있게 마시지 못했다. 지금도 『알프스 소녀 하이디』를 들춰내 읽으면 염소젖을 마시는 장면에서 나도 모르게 얼굴을 찡그리게 된다.

염소젖의 맛을 모를 때, 이 이야기를 읽어서 정말 다행이다.

예수의 피

U 여사는 어머니의 여학교 시절 친구 분으로, 슬하에 내 또래의 아들을 두고 있었다. 또래들은 자연스레 어울려 놀게 되는 법. 아들은 무지막지한 장난꾸러기로 하루도 상처나 멍이 가실 날이 없었지만, 어지간한 상처는 웃어넘기는 호걸이라 난 내심 존경하고 있었다. 그러던 어느 날, 그 아들이 지붕에서 떡갈나무로 건너뛰려다 떨어지는 바람에 크게 다치고 말았다. 손발이 모두 골절됐다는 사실은 나중에 알았지만, 아무튼 평소와는 달리 "아야야! 아파 죽겠다!" 하고 울며 나뒹굴었다. 그러나 U 여사는 그런 아들을 달래기는커녕, 내 귀를 의심할 말씀을 하시는 게 아닌가.

"예수님이 산 채로 십자가에 못 박혔을 때의 괴로움을 상상해보렴. 예수님이 참으신 아픔에 비하면 이건 아무것도 아니잖니!"

그러자 정말 믿을 수 없는 일이 일어났다. 그렇게 울고 불고 아프다고 하던 아들이 이내 울음을 딱 그치는 것이 아닌가. 그럴 정도로 U 여사와 그 집안은 독실한 기독교였다.

어렸을 때, 나는 U 여사 댁에 놀러 가기를 좋아했다. 다른 집에선 좀처럼 볼 수 없는 성서 이야기나 예수의 생애를 그린 어린이 그림책이며 희귀한 책들이 가득했기 때문이다. 그 책의 삽화는 어린 내 눈에도 결코 잘 그렸다고 할 수 없는 수준이었다. 나중에 어른이 되어 '여호와의 증인'이 선교하러 왔다가 두고 간 책자를 몇 장 넘길 때 눈에 들어온 삽화 역시 어릴 적에 보던 그림과 똑같았다. 하지만 오랜 세월이 지나도 빛바래지 않고 지금까지 내려온 이야기라면, 독자의 마음을 사로잡는 그 무엇이 있는 것이리라. 어느새 나는 그 집에 있는 어린이 책을 거의 다 독파했다.

그렇다면 말랑말랑한 어린 내 뇌가 기독교로 세뇌당했느냐 하면, 정반대다. 오히려 어설픈 삽화 탓에 수상쩍고 기괴한 인상을 받았을 뿐이다. 저변에 흐르는 설교적인 내용도 오히려 그런 마음을 부추겼던 것 같다.

그중에서도 제일 황당했던 부분은 가나의 혼인잔치에서 예수가 항아리에 가득 찬 물을 그 자리에서 포도주로 바꾸어버렸다는 이야기(「요한복음」)다. 기괴함의 극치는,

제자들에게 "이 빵은 나의 몸이요, 이 포도주는 내 피라고 생각하라"라고 말한 대목이다.

어릴 때 그림책에서 읽은 이 대목은 어른이 되어 읽은 『신약성서』에 다음과 같이 씌어 있다.

> 나는 하늘로서 내려온 산 빵이니 사람이 이 빵을 먹으면 영생하리라. 이 빵은 곧 세상의 생명을 위한 내 살이노라 하시니라. 이러므로 유대인들이 서로 다투어 가로되 이 사람이 어찌 능히 제 살을 우리에게 주어 먹게 하겠느냐. 예수께서 이르시되 내가 진실로 진실로 너희에게 이르노니, 인자의 살을 먹지 아니하고 인자의 피를 마시지 아니하면 너희 속에 생명이 없느니라. 내 살을 먹고 내 피를 마시는 자는 영생을 가졌고 마지막 날에 내가 그를 다시 살리리니. 내 살은 참된 양식이요, 내 피는 참된 음료로다. 내 살을 먹고 내 피를 마시는 자는 내 안에 거하고 나도 그 안에 거하나니, 살아 계신 아버지께서 나를 보내시매 내가 아버지로 인하여 사는 것같이 나를 먹는 그 사람도 나로 인하여 살리라. 이것은 하늘로서 내려온 빵이니 조상들이 먹고도 죽은 그것과 같지 아니하여 이 빵을 먹는 자는 영원히 살리라. 이 말씀은 예수께서 가버나움 회당에서 가르치실 때에 하셨느니라.
>
> ―「요한복음」 제6장 51절~59절

예수는 제자 유다에게 배신당하여 잡혀가 십자가에 못 박히기 직전의 마지막 만찬에서도, 이런 말로 제자들에게 이별을 고하고 있다.

> 저희가 먹을 때에 예수께서 빵을 가지사 축복하시고 떼어 제자들을 주시며 가라사대 받아 먹으라 이것이 내 몸이니라 하시고 또 잔을 가지사 사례하시고 저희에게 주시며 가라사대 너희가 다 이것을 마시라. 이것은 죄 사함을 얻게 하려고 많은 사람을 위하여 흘리는 바 나의 피 곧 언약의 피니라.
>
> ─「마태복음」 제26장 26절~28절

어린 마음에 이 구절은 어마어마한 충격이었다. 아무리 존경하고 사랑하는 사람의 피라고 해도, 그걸 고맙게 마시다니 상상을 초월했다. 아무리 맛있는 포도주라도 남의 피라고 생각하는 동시에 마실 마음이 싹 가실 텐데, 그 반대인 사람이 있을 수 있다니 실로 엄청난 문화 충격이었다. 그날 밤은 동이 틀 때까지 잠시도 눈을 붙이지 못했다. 과연 나는 사랑하는 아버지, 어머니, 여동생의 피를 마실 수 있을까 하고 상상하니 속이 견딜 수 없이 울렁거려, 혼자 이불 속에서 몸서리쳤다. 이는 나뿐만이 아니라 당시 사람들도 언짢게 여긴 듯하다. 「요한복음」에는 앞에

서 인용한 글에 이어, 많은 제자들이 예수의 이 언동에
기가 막혀 놀라워했다고 적고 있다.

제자 중 여럿이 듣고 말하되 이 말씀은 어렵도다 누가
들을 수 있느냐 한대 예수께서 스스로 제자들이 이 말씀
에 대하여 수군거리는 줄 아시고 가라사대 이 말이 너희에
게 걸림이 되느냐. 그러면 너희가 인자의 이전 있던 곳으로
올라가는 것을 볼 것 같으면 어찌 하려느냐. 살리는 것은
영이니 육은 무익하니라. 내가 너희에게 이른 말이 영이요,
생명이라. 그러나 너희 중에 믿지 아니하는 자들이 있느니라.
　　　　　　　　　　　　　—「요한복음」 제6장 60절~64절

어쩌면 예수는 제자들의 신앙심을 확인하려고 그런 말
을 했을지 모른다. 역시나 그런 터무니없는 말을 입에 올
리는 교주를 따를 수 없다며 많은 제자들이 예수를 떠나
간 모양이다.

이러므로 제자 중에 많이 물러가고 다시 그와 함께 다니
지 아니하더라.
　　　　　　　　　　　　　　　—「요한복음」 제6장 66절

어린 시절의 기억 한 토막을 갑자기 돌이킨 것은 다름

아닌 옴진리교 소동 때문이었다. 어디로 보나 불결함의 화신 같은 교조 아사하라 쇼코라는 중년 작자가 목욕한 물을, 거금을 들여 사서는 감격하며 마시는 사람들이 있었단다. 물론 교주의 피가 섞였다는 주스도 어마어마한 가격에도 불구하고 앞다투어 사들여 환희의 눈물을 흘리며 마시는 사람이 있었다고.

바로 옛날에 읽은 그림책에서 본 듯한 그로테스크함이라 할 수 있겠다. 그러나 전편에 흐르는 이 느낌이야말로 내가 기독교에 관련된 그림책을 재미있게 본 원천이 아닌가 싶다. 몸서리칠 정도로 징그럽지만, 결코 무시할 수 없는 불가사의함. 그 경계를 넘어서는 것은 의외로 간단한 일인가 보다. 선악은 종이 한 장 차이. 성스러움과 사악함은 서로 등을 대고 있는 것이 아닐까.

하지만 독실한 기독교인들은 다른 견해를 가지고 있다. 예를 들어 다키모토 요시코 씨는 이렇게 해석한다.

"예수는 육(肉), 즉 눈에 보이는 몸이나 피가 아닙니다. 영혼, 그러니까 눈에 보이지 않는 것을 말씀하신 겁니다. 문자 그대로 해석한 사람들은 예수를 떠나갔으나, 예수가 말한 상징적인 의미를 해석할 줄 안 사람만이 예수를 따를 수 있었지요."

어린 시절 이 이야기를 처음 접했을 때의 내 반응은 그야말로 '문자 그대로 해석한 사람들'과 같은 것이다.

U 여사의 아들이 골절상을 당하고 반년쯤 지난 뒤, 이 번엔 내가 다리미질을 하다가 다리미가 손에서 미끄러지는 바람에 오른쪽 다리에 화상을 입었다. 그때는 정말 아팠다. 이윽고 물집이 생긴 피부 껍질이 홀러덩 벗겨져 그 밑의 살갗이 공기와 닿았을 때의 아픔이란 참기 힘든 것이었다. 어머니는 끙끙거리며 신음하는 나를 보시더니 위로는커녕 이렇게 말씀하셨다.

"원자폭탄이 떨어진 히로시마와 나가사키 사람들을 생각해보렴. 다리미의 몇천 배나 되는 화염 속에서 온몸이 데어 괴로움에 몸부림치며 죽어갔단다."

그 순간, 지옥 같은 화염 속을 우왕좌왕하며 온몸의 피부가 벗겨져 나간 사람들의 공포와 아픔이 닥쳐와, 정말 다리가 아픈 것도 잊었다. 학창 시절 기독교인으로 U 씨 아주머니와 함께 열심히 교회에 다니신 어머니는, 그 뒤 기독교와 멀어졌으나 방법론 하나만은 확실히 계승하셨나 보다.

금단의 사과

과일의 대표는 무엇일까?

유럽 문명에서는 아마도 사과가 단연 으뜸이리라. 시험 삼아 사과가 결정적인 소품으로 등장하는 이야기나 노래를 떠올려보자. 얼마나 많은지 새삼 놀랄 것이다.

우선 성서에 나오는 금단의 열매, 그러니까 인류의 선조인 아담과 이브가 에덴동산에서 쫓겨난 계기가 된 과일은 사과라고 여기고 있다. 마귈론 투생 사마^{Maguelonne} ^{Toussaint-Samat}가 쓴 『먹거리의 역사』_{국내 번역본: 이덕환 옮김, 까치글방,} _{2002년 출간}에 따르면 "이브가 사과를 먹었기 때문에 에덴동산에서 영원히 추방당했다고 여겨진 것은 프랑스에서는 5세기부터였다"고 한다. 그래, 맞아. 어릴 때 읽은 성서 이야기의 삽화도 사과였다. 그러나 이 책의 저자는 이어서 "이는 큰 오류다"라고 쓰고 있기에 서둘러 「창세기」를 펼쳐보았다.

여호와 하나님의 지으신 들짐승 중에 뱀이 가장 간교하더라. 뱀이 여자에게 물어 가로되 하나님이 참으로 너희더러 동산 모든 나무의 열매를 먹지 말라 하시더냐. 여자가 뱀에게 말하되 동산 나무의 열매를 우리가 먹을 수 있으나 동산 중앙에 있는 나무의 열매는 하나님의 말씀에 너희는 먹지도 말고 만지지도 말라. 너희가 죽을까 하노라 하셨느니라. 뱀이 여자에게 이르되 너희가 결코 죽지 아니하리라. 너희가 그것을 먹는 날에는 너희 눈이 밝아 하나님과 같이 되어 선악을 알 줄을 하나님이 아심이니라. 여자가 그 나무를 본즉 먹음직도 하고 보암직도 하고 지혜롭게 할 만큼 탐스럽기도 한 나무인지라 여자가 그 실과를 따먹고 자기와 함께한 남편에게도 주매 그도 먹은지라. 이에 그들의 눈이 밝아 자기들의 몸이 벗은 줄을 알고 무화과나무 잎을 엮어 치마를 하였더라.

—「창세기」3장 1절~7절

여기서 보듯이 아담과 이브는 뱀으로 둔갑한 사탄의 유혹에 넘어가 절대로 먹어서는 안 될 열매를 먹어버린 뒤, 지혜와 육욕을 알게 되어 낙원에서 살 권리를 잃는다. 그리고 그때부터 인류 역사의 파란만장한 막이 오른다고 기술되어 있다. 그러나 문제의 열매가 사과라는 말은 단 한 마디도 나와 있지 않다. 라틴어로는 'pomum과일', 그리스어로는 'karpos열매'라고만 적혀 있고, 결코 사과(라틴어로는 'malum', 그리스어로는 'melon')라고 밝히지 않았지만 저자의 말대로 "맨 처음 성서를 번역한 갈리아인이나 로마의 기독교도들은, 혹시 에덴동산에 단 하나만 과일이 열렸다면 아마도 그 과일은 사과가 틀림없다고 생각했으리라. 왜냐하면 당시 사과는 어느 과수원에나 반드시 있을 정도로 보급되어 있었기 때문이다."

다음으로 인상적인 사과 이야기는 '불화不和의 사과'가 아닐까. 고대 로마의 역사가 유스티누스가 그리스 신화에 등장하는 사과를 이렇게 이름 붙인 이래, 서양 여러 나라에서는 논쟁과 다툼, 적대와 전쟁의 원인을 이르는 비유로 자주 등장하게 되었다. 이 이야기는 아는 사람도 많겠지만 복습 삼아 한번 보기로 하자.

다툼의 여신 에리스는 어느 결혼 피로연에서 식탁을 둘러싼 손님들 앞에 황금 사과를 굴린다. 사과에는 "가장 아름다운 여인에게"라고만 씌어 있다. 이 잔치에는 헤라, 아테네, 아프로디테가 참석해 있었다. 이들 모두 '나야말로 한 미모 한다'는 자신감에 넘치는 여신들이다. 당연한 결과로 여신들은 사과를 가질 사람은 바로 자기라고 주장하며 티격태격하기 시작했다. 그 누구도 양보할 마음이 없으니, 다툼은 점점 더 격해질 따름이었다. 결국 제3자가 나서서 결말을 짓게 되었는데, 트로이의 왕 프리아모스의 아들 파리스가 뽑혔다. 그는 아프로디테야말로 사과를 가질 자격이 있다고 잘라 말했다. 감사의 뜻으로 아프로디테는 파리스가 스파르타 왕 메넬라오스의 왕비 헬레네를 겁탈하는 것을 돕는다. 이로 말미암아 트로이 전쟁이 일어났다 한다.

사과와 관련된 유명한 세 번째 이야기는, 독일의 문호 실러의 희곡 『빌헬름 텔』이다. 13~14세기에 스위스 사람들이 합스부르크 왕가의 횡포에 맞서 예로부터 이어온 자유권을 지키는 데 활약한 전설적인 영웅 빌헬름 텔이 주인공이다. 활쏘기의 명수 빌헬름이 막대 위에 걸린 성주의 모자에 경례하지 않았다는 죄로 체포당해, 80보 떨어진 곳에서 아들의 머리 위에 있는 사과를 명중시키는 장면은, 가부키로 따지면 '18번'^{가부키 집안인 이치카와가에서 특별히 인}에 해당할 정
^{기 있는 레퍼토리 18가지를 정해 대를 물려 흥행시킨 데서 비롯한 표현}
도로 사람들의 사랑을 받고 있다.

지금은 전 세계 어린이들의 애독서인 『그림 동화집』에 수록된 「백설공주」에서도 사과는 이야기를 절정으로 이끄는 중요한 소품으로 활약한다. 계모(『그림 동화집』 원전에서는 친모)인 왕비는, 요술 거울이 자기보다 천배나 아름답다고 칭송한 백설공주를 없애려고 행상으로 변장, 백설공주에게 독이 든 사과를 먹여 목적을 달성한다.

143

아마도 사과는 그 지역 사람들에게는 가장 친근하고 먹음직스러우며 '그림이 되는' 과일이었으리라. 스위스에서 이탈리아 북부에 걸친 호반지대에서는, 신석기 시대 때 이미 그곳에 거주한 사람들이 사과를 먹었다는 흔적이 지층 발굴조사 결과 나타났다고 한다.

15세기에 콜럼버스가 신대륙에서 가지고 온 감자는 '땅속의 사과'로, 토마토는 '황금 사과'로 이름 붙인 것만 보아도 사과가 명실공히 과일의 대명사 역할을 톡톡히 하고 있다는 사실을 알 수 있다.

그렇다면 서양의 사과에 상당하는 일본의 대표적인 과일은 무엇일까. 아무래도 감이 아닐까 싶다. 옛날이야기(원숭이와 게의 싸움, 주먹밥과 감 씨를 바꾸자는 원숭이의 꾀에 넘어간 게가 복수하는 이야기)를 봐도 그렇고 관용구 '감 껍질은 거지에게 까게 하라'[부자는 너그럽게 두껍게 깎고 거지는 악착같이 얇게 깎을 것이니, 일감에 따라 방법을 달리 해야 한다는 뜻], 하이쿠의 계어季語[하이쿠는 5·7·5의 3구 17음 형식으로 이뤄진 단시로, 계절을 상징하는 글자가 들어가야 한다] 역할, 말 빨리 하기 놀이 '옆집 손님은 감 잘 먹는 손님隣の客はよく柿食う客[도나리노캬쿠와 요쿠카키쿠우캬쿠]' 등에 이르기까지, 일본인에게 가장 친숙한 과일이라는 생각이 든다.

더불어 감나무의 학명은 'Diospyros kaki LINN.'으로 일본 이름['kaki'는 감(かき, 가키)에서 따왔다]이 채택되었다.

144

인도 핫케이크

인종차별적인 표현이 문제가 되어 서점에서 자취를 감추어버린 동화 중에 『꼬마 깜둥이 삼보』[국내 번역본: 고산 옮김, 동서 문화사, 2005년 출간]가 있다. 나와 같은 세대라면 다들 한 번쯤은 읽었을 인기 있던 동화다. 정글에 사는 흑인 소년이 사나운 호랑이에게 입고 있던 옷가지를 하나둘씩 모두 빼앗기다가, 호랑이들끼리 싸우는 바람에 결국 모두 되찾아 온다는 이야기다.

여기서 가장 볼 만한 장면은 나무 위로 도망간 삼보를 쫓아 호랑이들이 야자수 아래에서 돌다가, 서로 꼬리를 물고 원이 되어 점점 속도가 빨라지는 바람에 녹아서 버터가 되는 장면이 아닐까. 이런 황당무계함이 어린이들의 마음을 사로잡는다. 삼보네 엄마는 호랑이들이 녹아서 만들어진 버터를 듬뿍 넣어 핫케이크를 구워준다.

"엄마, 나도 핫케이크 구워줘요!"

이 장면을 읽을 때마다 군침이 돌아 어머니를 조르곤 했다.

"나도 그랬어."

"맞아, 나도 어쩜 그렇게 먹고 싶었는지 몰라."

이 얘기를 꺼내면 다들 자기도 먹고 싶었다고 했고, 그 동화를 읽고도 그런 생각을 해본 적 없다는 사람은 아직 만나지 못했다.

그 무렵 나는 동물원이며 서커스에서 호랑이를 볼 때마다, '호랑이→버터→핫케이크' 하고 연상게임처럼 떠오르는 바람에 당장 먹고 싶은 마음을 참느라 진땀을 빼야 했다. 그만큼 위력이 대단했다. 혹시 '핫케이크 애호 협회' 같은 단체가 있다면, 그 막대한 공헌을 치하하며 감사장 하나는 보내야 할 도서가 아닐까. 적어도 내가 회장이라면 당장에 그랬을 것이다.

그런데 이상하다 싶은 생각이 든 것은 어른이 되어서다. 삽화를 기억해보면 삼보는 피부가 검고 곱슬머리요, 콧구멍은 크고 입술은 두꺼웠다. 니그로이드가 분명한 아프리카 원주민의 인종적 특징이 그려져 있었다. 정글이 있고 야자수며 바나나 나무가 울창한 아프리카 원주민이 사는 지역이라면 아프리카 대륙이나 중남미밖에 생각할 수 없다. 그러나 이들 지역의 원주민의 식생활에는 본디 핫케이크는 없다.

핫케이크, 곧 팬케이크를 자주 먹는 사람은 미국인으로, 미국에는 팬케이크 가게 체인망이 생길 정도다. 그러나 유럽에서는 비슷하지만 다른 음식인 크레페(베이킹파우더를 넣지 않고 팬케이크를 구우면 크레페가 된다)는 자주 먹지만, 영국인을 제외하면 팬케이크는 '전혀'라 해도 좋을 만큼 먹지 않는다.

그리 되면 『꼬마 깜둥이 삼보』의 무대는 영국 식민지였던 아프리카의 어느 곳, 아니면 미국 문화의 영향이 큰 중남미의 어디쯤이 아닐까.

문제는 호랑이다. 호랑이는 아시아 대륙에서만 서식하는 동물이니, 아프리카 대륙이나 남북 아메리카 대륙 어디에도 자연 상태로 배회하는 일은 있을 수 없다. 그렇다면 삼보가 먹은 핫케이크며 호랑이 버터는 있을 수 없다는 말이 된다.

알고 보니 『꼬마 깜둥이 삼보』는 인도를 무대로 한 이야기였다. 저자는 영국 여성 헬렌 배너만으로, 남편과 함께 당시 영국 식민지였던 인도 오지에서 전염병 예방 등의 의료 활동을 펼치고 있었다. 그녀가 혹서를 피해 피서지에서 지내던 아이들에게 보낸 그림엽서 내용에 이 『꼬마 깜둥이 삼보』이야기가 들어 있었던 것이다. 나중에 영국에서 그림책으로 펴내면서 전 세계에서 번역되었다고 한다. 일본에서도 전후 저명한 아동문학가들이 이상적인 어린이 그림책이라고 절찬했고, 이와나미를 비롯한 쟁쟁한 출판사에서 앞다투어 『꼬마 깜둥이 삼보』를 출간했다.

이런 사정을 알고 나니 내가 어렸을 때 나온 그림책에 실렸던 니그로이드의 외모가 걸린다.

일본에서 이 책을 간행한 출판사 중 단 한 곳도 원서대로 번역한 회사가 없었다. 당연히 원작자 헬렌 배너먼이 그린 그림도 싣지 않았다. 배너먼은 남인도의 풍경과 사람들의 모습을 그림책에 반영하고 있다. 그녀가 그린 그림을 찾아보니 삼보는 인도인의 외모였다. 니그로이드가 아니라 가무잡잡한 아리아인, 인도유럽어족의 얼굴이다. 그런데도 일본 출판사에서 발간한 그림책에는 어느 것 할 것 없이 삼보와 어머니 맘보, 아버지 잠보가 전형적인 흑인 얼굴로 그려져 있다.

더구나 삼보, 맘보, 잠보라는 남미식 이름은 또 어떤가. 이는 원작자가 붙인 이름으로 동화답게 음운을 맞추고 있어 재미있지만 인도인다움은 여기서도 빠져 있다. 더구나 인도인은 난^{밀가루 반죽을 화덕에 구워 만든 인도의 전통 빵}을 먹고 핫케이크는 먹지 않는다. 원작은 팬케이크로 나와 있는데, 영국인 원작자가 '난'을 팬케이크로 바꾼 것을 일본어로 번역하는 과정에서 일본 독자들에게 익숙한 핫케이크로 번안한 것이리라. 호랑이 버터 역시 원작에는 인도 요리에서 자주 쓰이는 버터 '기이'로 나온다.

그렇다면 꼬마 깜둥이 삼보가 먹은 것은 호랑이가 녹아서 된 '기이'가 듬뿍 들어간 '난'이 되는 셈이다.

헨젤과 그레텔의 과자 집

　『그림 동화집』에 수록된 헨젤과 그레텔 오누이 이야기를 처음 접한 것은 아마도 초등학교에 들어갈 즈음 그림책에서가 아닐까 싶다.

　가난에 찌든 나무꾼 부부가 아들 헨젤과 딸 그레텔을 숲 속에 두고 온다. 생활고로 아이들을 버린 것이다. 처음에는, 가는 길에 헨젤이 자갈을 흘리며 따라간 덕에 그 표시로 무사히 집에 돌아올 수 있었다. 하지만 이 부모는 또다시 아이들을 버리려 한다. 이번에는 너무 급작스런 일이라 헨젤은 자갈을 모을 여유가 없었다. 할 수 없이 들고 있던 빵을 자갈 대신 떼어 버리지만 새들이 와서 모두 쪼아 먹는 바람에 오누이는 산속에서 길을 잃고 만다. 배를 곯고 숲 속을 헤매고 다니다가 하얀 새를 만나자, 오누이는 그 새에 이끌리듯 과자 집에 도착한다. 둘이 뛸 듯이 기뻐하며 과자로 만든 집을 떼어 먹고 있자니, 노파가 나와서 집에 들어가잔다. 둘의 기쁨도 잠시, 그곳은 마귀할멈의 집이었다. 할멈의 속셈은 그레텔을 집안일에 부려먹고, 헨젤은 살찌운 다음 잡아먹는 것이었다.

헨젤을 통째로 굽기 위해 빵 굽는 아궁이에 불을 지피고 오라는 마귀할멈의 명을 받은 그레텔은 할멈이 아궁이를 들여다보도록 꾀를 낸 다음, 벌겋게 달구어진 아궁이 속으로 밀어 넣어 죽인다. 오누이는 목숨을 건지고, 마귀할멈이 모아둔 재산을 챙겨 집으로 돌아온다는 이야기다.

'그런데 자기들을 버린 부모에게 잘도 돌아오네. 또 버려질지도 모르는데⋯⋯.'

나는 걱정스런 마음으로 책을 덮었다. 그 뒤 오누이의 운명은 어떻게 되었을까 지금도 궁금하다.

그림 형제는 당시 '어린이와 사람 잡아먹는 마귀'에 관한 옛날이야기를 여러 종류 채집하여, 이를 바탕으로 『헨젤과 그레텔』을 발표했다. 독일뿐 아니라 유럽에는 숲에 버려진 아이들이 마녀나 맹수에게 잡혀 먹힐 찰나 슬기를 발휘해 도망치거나, 상대방을 무찌르고 무사히 귀환하는 이야기들이 참으로 많다. 민간전승 연구에서는 '어린이와 사람 잡아먹는 마귀' 이야기가 세계 각지의 민화(일본의 『천신의 금사슬』 마귀할멈에게 동생이 잡아먹히고 형도 목숨이 위태로운 찰나 해님이 구해준다는 이야기도 그 일종)에서 보이는 터라 거기에 더 주목하지만, 나는 '버려진 아이들이 모험 끝에 성장하여 돌아온다'는 구조에 더 눈길이 간다. 아마도 아이들을 버리는 일이 그만큼 빈번했고, 그만큼 양심의 가책에 시달리는 부모들이 많았다는 뜻이 아닐까. 옛날이야기는 그런 마음의 갈등에서 사람들을 해방시키는 역할을 하는지도 모른다.

헨젤과 그레텔의 경우는 오빠와 여동생이었지만, 누나와 남동생, 자매간과 형제간이라는 네 가지 유형이 있을 수 있다. 마귀도 할머니 또는 할아버지, 뱀이나 곰의 화신이며, 집 형태도 새 다리 모양의 오두막이나 동굴 속, 거대한 나무 꼭대기, 성 등등 실로 각양각색이다.

이렇게 무수한 갖가지 형제자매 귀환 이야기 중에서, 왜 일본에서는 『헨젤과 그레텔』만이 유명할까. 예를 들어 러시아의 어린이들은 러시아 버전의 형제자매 귀환 이야기는 알고 있지만, 헨젤과 그레텔은 천 명 중 한 명도 모를 것이다.

아마도, 아니 분명히 과자 집이라는 설정이 무척 강렬한 인상을 주기 때문 아닐까. 아이들이라면 당연히 달콤한 과자를 좋아할 거라는 선입관은 어른들에게 오히려 더 강했던지, 이 이야기는 많은 출판사에서 그림책으로 펴냈다.

그러나 치아 건강을 걱정한 어머니 밑에서 단 과자를 못 먹고 자란 나는, 초콜릿보다는 센베이를, 케이크보다는 군고구마를, 캔디보다는 크로켓을 즐기는 입맛을 갖게 된 바람에, 과자로 만든 집을 봤을 때는 끔찍했다. 조금 맛보는 정도라면 맛있지만, 이렇게 온통 달아서야 질린다. 초콜릿이나 캔디, 케이크로 만든 집의 그림만 봐도 얼굴이 절로 찡그려졌다.

과자로 만든 집의 매력에 갑자기 끌린 것은 독일 과자를 맛보고 나서다. 나무 열매나 말린 과일, 신맛을 곁들인 유제품 등을 넣어 구운 과자나 빵은 종류도 다양하고 변화무쌍했으며, 전혀 느끼하거나 끈적끈적 달짝지근한 맛이 아니었다. 아무리 먹어도 질리지 않고 충분히 끼니를 대신할 만한 맛이었다.

신대륙 발견 이후 유럽으로 건너간 초콜릿은 아직 귀중품이었고, 숲 속에서 혼자 사는 노파에게는 얻기 힘든 물품이었을 것이다. 설탕 또한 17세기까지는 상류층 사람들밖에 먹을 수 없는 귀중품으로, 약으로 대접받을 정도였다. 서민들에게는 구경도 못할 사치품에 틀림없으니, 아마도 단맛은 꿀맛이었을 테지……. 음, 슬슬 입에 군침이 돌기 시작하네. 도대체 어떤 맛이었을까, 과자로 만든 집은?

동그란 빵의 모험

　'작고 동그란 빵의 모험' 이야기는 유럽 거의 모든 나라에 퍼져 있지만 일본에서는 그리 친숙하지 않다. 일단 그 내용을 먼저 소개해본다.

　배가 고픈 할아버지를 위해 할머니는 밀가루 통을 박박 긁어모은 밀가루에 시큼한 코티지 치즈를 듬뿍 넣은 다음, 공처럼 빚고 버터를 발라 아궁이에 구웠다.

　이윽고 할머니는 잘 부풀어 오른 동그란 빵을 아궁이에서 꺼내 식히려고 창가에 두었다. 처음에는 얌전하게 앉아 있던 동그란 빵은 슬슬 따분해져 창문에서 또르르하고 의자 위로, 의자에서 마루 위로, 결국엔 현관 밖으로 굴러갔다. 산으로 들로 굴러다니다가 토끼를 만났다.

　"동그란 빵아, 너 참 맛있어 보이는구나."

　당장 한입에 꿀꺽 삼켜버릴 것 같은 기세다. 하지만 동그란 빵은 눈도 깜짝 하지 않고 토끼를 설득했다.

"아이, 그렇게 서둘러 드시면 내 멋진 노래를 못 듣잖아요. 내 노래를 먼저 들어보고 드시면 어때요?"

그러곤 옥구슬이 굴러가는 듯한 아름다운 목소리로 노래를 부르기 시작했다. 민담에서는 말 자체가 운율을 맞추고 있어 동그란 빵의 노래도 쫄깃쫄깃한 리듬감이 살아 있다.

나는야 천하의 동그란 빵.
밀가루에 치즈를 듬뿍 섞어서
버터 발라 노릇하게 구워졌다네.
창가에서 찬바람 쐬고 있다가,
할배 할매한테서 도망 나왔네.
네까짓 놈에게 잡아먹힐쏘~냐.

동그란 빵은 또르르 굴러가 토끼 눈앞에서 사라졌다. 다음에 만난 늑대와 곰들에게서도, 동그란 빵은 마찬가지로 먹히기 직전에 옥구슬 같은 목소리를 자랑하며 도망친다. 마지막 대사는 정해놓고, "할배 할매한테서도 토끼한테서도, 늑대한테서도 도망 나왔네. 네까짓 놈한테 잡아먹힐쏘~냐" 하고 점점 길어진다.

이렇게 하여 동그란 빵이 마지막에 만난 상대는 여우였다. 만나자마자 여우가 먼저 아첨을 떤다.

"안녕, 동그란 빵아. 너는 어쩜 그렇게 예쁘게 생겼니? 동글동글하고 말랑말랑하고 노릇노릇하고. 어쩜 이렇게 맛있게 생겼니?"

동그란 빵은 기분이 좋아져 노래를 자랑하기 시작한다. 마지막 구절에 와서 "(…) 늑대한테서도, 곰한테서도 도망쳤단다. 그니까 너한테서도 도망가야지" 하는 순간, 여우가 불러 세운다.

"와, 짝짝짝. 훌륭한 노래였어. 한 번 더 들었으면 좋겠네. 부탁이야, 한 번만 더 불러주라. 그래, 내 코 위에서 불러주면 어때? 요즘 내가 귀가 어두워서 말이야."

동그란 빵은 우쭐해서 그러지 뭐, 하곤 여우 코 위에 올라타서 같은 노래를 한 번 더 부른다.

"와아, 어쩜 그렇게 목소리가 좋니? 부탁이다. 딱 한 번만 더 불러주렴. 이번엔 내 혀 위에서 불러주지 않을래? 거기가 더 잘 들릴 것 같아."

동그란 빵이 부웅 뛰어올라 여우가 내민 혀 위에 떨어지는 순간, 여우는 기다렸다는 듯이 앙 하고 먹어버렸지. 이걸로 만사 땡.

내가 프라하에서 학교를 다니던 소녀 시절, 주위 아이들은 어렸을 때 이 이야기를 듣고 자랐는지 술술 외워서 내게 들려주었고, 가정시간에는 이 이야기의 주인공인 코티지 치즈가 들어간 동그란 빵을 만드는 법을 배웠다.

그 뒤 동그란 빵도 이야기도 까맣게 잊고 지냈는데, 1986년에 업무차 소련에 갔을 때, '동그란 빵'의 새 버전이 나왔다는 소문을 들었다. 현대 버전은 동그란 빵이 여우에게 먹히지 않고 무사히 도망 나온단다.

　동그란 빵은 떨어지면서, 여우가 커다란 입을 벌리고 기다리고 있는 것을 알아채고는 재빨리 이렇게 말했다.

　"이 몸은 말이야, 아주 특별한 밀가루로 만들어졌거든. 그 밀이 자란 곳은 체르노빌이라는 비옥한 토지걸랑."

　여우는 황급히 입을 다물었고, 동그란 빵은 여우 코끝에서 튕겨 나가 또르르 굴러갔다고.

커다란 순무

러시아 민담 가운데 일본 어린이들에게 가장 친숙한 동화로 『커다란 순무』국내 번역본: 박향주 옮김, 시공주니어, 1997년 출간가 있다.

"달고 커다란 무가 되어~라!"

할아버지가 정성 들여 가꾼 밭에서 무는 무럭무럭 자라나, 급기야 도깨비처럼 엄청나게 커져버린다.

할아버지 혼자 힘으로는 뽑으려야 뽑을 수 없어 할머니를 불러보지만 둘이 힘을 합쳐 뽑아도 어림도 없다. 손자가 합세하나, 그래도 어림없다. 개와 고양이가 차례로 동원되었건만 순무는 꿈쩍도 않는다. 마지막으로 힘을 합한 것은 쥐새끼였다.

쥐새끼가 고양이 꼬리를 잡고, 고양이가 개 꼬리를 잡고, 개가 손자를 끌고, 손자가 할머니를 끌고, 할머니가 할아버지를 끌고, 할아버지가 무를 뽑는다. 영치기 영차,

영치기 영차······ 아이쿠쿠, 겨우 뽑혔네. 얼씨구나, 지화자 조오타.

이렇게 간단명료한 이야기인데, 어린이는 물론 한때 어린이였던 지금의 어른들까지도 왜 그렇게 여기에 매료되는지 모르겠다.

아마도 쥐새끼의 작은 힘에 비유했듯, 보잘것없는 작은 힘이 거대한 세력 사이에서 균형을 깨뜨리는 극적인 역할을 한다는 인생의 진실을, 풍자를 통해 잘 말해주기 때문이 아닐까.

예를 들어 선거에서 겨우 몇 표 차이로 당선되거나 낙선하는 후보자를 볼 때마다 이 이야기가 떠오른다. 혹은 절대적이라 여겨졌으나 실제로는 상당히 무리가 많았던 소비에트 체제가, 페레스트로이카라는 고르바초프의 연명 노력으로 오히려 수명을 줄여(개의 역할인가?) 단지 수백 명의 주동자들이 도모한 쿠데타로 기울어지고(고양이쯤 될까?), 옐친의 독립국가 공동체 결성(쥐새끼에 해당할까?)으로 말미암아 붕괴된 과정을 보면, 바로 『커다란 순무』의 시나리오를 따르고 있는 듯하다.

자민당의 장기 집권에 넌더리를 내고 있는 나는, 모리 총리는 개일까 고양이일까, 혹은 쥐새끼에 해당할까 상상하며 짜증을 달래고 있다.

지금 러시아에서도 『커다란 순무』는 『바보 이반』과 『곰

세 마리』와 함께 인기 1위 자리를 다툴 정도로 사랑받는 옛날이야기 가운데 하나다.

하지만 무는 어떤가. 무도 러시아인의 사랑을 받는 먹을거리일까? 직업상 200번 가까이 러시아에 드나들었지만, 아직 한 번도 러시아에서 무를 먹어본 적이 없다. 동네 가게나 시장에서조차 본 적이 없다. 형태가 비슷하지만 전혀 다른 식물인 래디시는 샐러드에나 나온다. 하지만 『커다란 순무』에 나오는 '무'는 러시아어로는 '레파'라 하고, 래디시에 해당하는 '레디스카'와는 전혀 다르다.

나의 오랜 의문을 풀어준 것은 V. M. 코발효프가 쓴 『러시아 요리, 그 전통과 풍습』이라는 책이다.

놀랍게도 무는 인류가 먹어온 농작물 가운데 가장 오래된 종류로, 고대 이집트에서는 피라미드 건설에 동원된 노예들의 음식이었다고 한다. 또 고대 그리스에서는 아폴론 신전에 제물을 올릴 때 사탕무는 은쟁반에, 무는 구리 쟁반에 올렸다고 한다.

로마인이 무를 품종개량 하는 데 성공하여 그 뒤 유럽 각국 사람들의 상비 식품이 되었다. 중세기의 스웨덴이나 노르웨이 농민들은 수확한 무의 10분의 1을 교회 세금으로 바쳤다는 기록이 남아 있다.

무는 어떤 기후 조건 아래서라도, 아무리 척박한 토양에서라도 자라고, 수확 뒤에도 장기간 저장할 수 있었으

니 러시아에서는 실로 오랫동안 식탁의 주역이었다. 신대
륙에서 가져온 감자가 18세기에서 19세기에 걸쳐 러시아
방방곡곡에 보급되기까지 무는 주식 자리를 차지했다.

『커다란 순무』는 그런 환경 속에서 태어난 것이다.

빵을 밟은 소녀

일생에 156편이나 되는 동화를 남긴 안데르센에게는
『엄지공주』나 『눈의 여왕』 같은 그야말로 동심의 극치를
보여주는 해피엔딩 모험담이 있는가 하면, 『인어공주』나
『장난감 병사』 『성냥팔이 소녀』처럼 생각만 해도 가엾고
구제할 길이 없어 언제까지고 슬픈 여운을 남기는 이야기
도 있다. 또 『벌거벗은 임금님』이나 『미운 새끼 오리』처럼
인생을 풍자하는 교훈적인 설화도 있다. 이처럼 그의 작
품은 다채롭다. 그중에는 물론 무서운 이야기도 들어 있
으니, 그 대표가 『빵을 밟은 소녀』^{국내 번역본: 김세미 옮김, 숲, 2005년}
^{출간}가 아닐까.

소녀 시절에 처음 이 이야기를 들은 것은 라디오 동화
낭독 프로그램에서였다. 물구덩이에 신발을 더럽히지 않
으려고 하얀 빵을 징검다리 삼아 밟고 건너려던 여자아
이가, 빵을 밟는 순간 진흙탕에 발이 빨려 들어가 그대로

지옥에 떨어져버린다는 이야기다.

여자아이 역할을 맡은 성우의 "꺅!" 하는 외마디소리가 귀에 박혀 떨어지질 않아, 나는 그로부터 3년 뒤까지도 물구덩이만 보면 귀찮아도 빙 돌아서 갔다.

이 이야기의 주인공은, 날 때부터 오만하고 못된 아이였다. 곤충의 날개며 다리를 뽑아 들고 즐거워하는 잔학한 구석이 있었다. 그러나 빼어난 용모를 타고난 덕에 부잣집에 들어가 시중 들게 되었고, 주인의 귀여움을 받자 더욱 사치스럽고 성질 나쁜 아이로 변해갔다.

아이는 가난한 부모를 창피하게 여기고 나 몰라라 하다가, 주인집에서 시키니 억지로 부모님께 문안을 드리러 집으로 가게 되었다. 주인집 사모님은 하얗고 말랑말랑한 빵 등을 선물로 잔뜩 들려 보냈다.

이 사건은 바로 이렇게 여자아이가 집으로 가는 길에 일어난다. 결국 발에 빵이 붙어버린 채 몸을 꼼짝도 못하고, 아이는 지옥에 갇혀버리게 된다.

유럽에서 흰 빵은 부자밖에 먹을 수 없던 사치품으로 일종의 계층의 상징이었으며, 가난한 서민은 흑빵밖에 먹을 수 없었나 보다. 이 이야기는 이런 지식을 어린 나에게 심어주었다. 또 늘 부모님께 들어오던 '쌀을 함부로 하면

천벌 받는다'라는 교훈에서 '쌀'을 '빵'으로 바꾸어 이해했다.

일본에서 '쌀 소동'[1918년 7월, 일본 우오조항에서 주부 300여 명이 홋카이도로 보낼 쌀 선적을 중단하고 주민들에게 팔라며 봉기한 사건]이 일어난 것처럼, 빵이 떨어지면 대개 폭동이나 혁명이 일어난다. 프랑스혁명이 일어났을 때, "저들은 빵이 없어 분노하고 있는 겁니다" 하고 설명하는 시종의 말에 마리 앙투아네트가 했다는 말—"빵이 없으면 브리오슈를 먹으면 될 것 아니냐"—은 지어낸 것이겠지만 그럴듯해서인지 당장 퍼져나갔다. 혁명의 원인이 된 엄청난 신분 차를 여실히 보여주었기 때문이리라. 그 뒤 왕비는 단두대의 이슬로 사라졌으니, 빵을 무시한 벌로 지옥에 떨어졌다는 패턴을 밟고 있다.

러시아혁명에서 민중이 합세한 근본적인 이유는, 제1차 세계대전에 농민이 다수 동원되는 바람에 농촌이 피폐해져 빵을 먹을 수 없었기 때문이다. 제정러시아 또한 빵을 얕봤다가 지옥에 떨어졌다. 뒤이어 성립된 임시정부도 종전을 결단 내리지 못하고 농촌의 황폐화와 도시의 기아를 방치한 탓에 곧장 지옥으로 직행했다. 수명이 겨우 8개월이었다.

이로 인해 레닌은 국민을 개혁에 결집시키기 위해 "나

라에는 평화, 농민에겐 토지, 노동자에겐 빵, 노농평의회에는 권력을"이라는 슬로건을 내걸었다. 1917년 11월 혁명에 승리하자, 약속한 대로 세계대전에서 무조건 이탈하여 농민에게 토지를 나누어주었다. 그러나 세계 33개국이 반혁명군을 보내 혁명 진압에 나섰다. 혁명군과 반혁명군이 피 튀는 사투를 벌이자, 앞날에 불안을 느낀 농민들은 수확한 곡식을 끌어안고 풀지 않아 도시 시민은 기아에 허덕이게 되었다.

할 수 없이 혁명정부는 무장한 곡물 몰수 부대를 농촌지대로 보냈다. 이로 인해 혁명정부가 빵을 생산하는 자에게 품은 불신이야말로, 그 뒤 폭력적인 농업집단화 정책을 추진하는 배경이 된다. 그 과정에서 성실히 일해오던 농민 대다수가 저항하자 정권은 이들을 숙청해버렸다. 결과적으로 소련의 농업은 극심한 타격을 받았고, 혁명 전에는 밀을 수출하기까지 했던 농업국에서 수입국으로 전락하고 말았다.

그러면서도 소비에트연방은 혁명의 이상으로 '누구나 배불리 빵을 먹을 수 있는 사회'가 되려고 했다. 귀중한 국고를 써가며 집단농장이나 국영농장에 보조금을 지속적으로 지원하고, 한편으로는 외국에서 밀을 수입했다. 시장의 빵 가격을 극단적으로 낮추기 위해 차액을 계속 충당해야 했기 때문이다.

그 결과 사람들은 공짜나 다름없어진 빵을 함부로 대하기 시작했다. 식당이나 제빵공장에서는 가축용 사료보다 싼 빵을 축산농가로 빼돌리고, 시민들은 빵이 조금만 딱딱해져도 거리낌 없이 버리게 되었다.

결국 아시다시피, 국가 재정이 파탄으로 치달아 소련은 붕괴했다. 지옥으로 떨어진 것이다.

한편 일본은 어떤가. 공업제품 수출을 최우선으로 해온 전후의 경제 정책으로 벼농사는 최대 희생자가 되었다. 수확량 억제와 보조금 정책은 농민들의 자긍심에 깊은 상처를 주었다.

일본이 지옥에 떨어질 날도 그리 멀지 않았다는 생각이 든다.

양배추 밭에서 태어난 아기

나는 어디서 왔을까? 어떻게 해서 이 세상에 나타났을까? 네 살쯤 되면 많은 아이들이 품는 의문이다. 부모는 이런 질문에 당황하지만 그렇다고 사실대로 설명해본들 이해할 리 없다.

언젠가 '두려워 말고 아이들에게 진실을 가르치자'는 주장이 유행했다. 그 주장에 동조한 내 친구는 네 살배기 딸에게 사실을 적나라하게 들려주었다. 아이는 곧바로 "아아, 난 엄마 배 속에서 나왔구나" 하며 끄덕이더니, 곧이어 남동생에 대해서는 "다카시는 아빠 배 속에서 나온 거네. 여자아이는 엄마 배, 남자아이는 아빠 배에서 나오는 거지?" 하며 새로운 해석을 내놓았다. 그러다가 "엄마든 아빠든 좋아. 이번에는 고양이 두 마리만 낳아줘"라고 했단다. 그러던 어느 날, 이탈리아 영화 〈밀라노의 기적〉 시작 부분에서, 양배추 밭에서 아기가 잇달아 태어나는 것을 보고 나서는 "나랑 동생은 양배추 속에서 태어난 거지?" 하고 우기기 시작했다. 알다시피 양배추 밭에서 아기가 태어난다는 이야기는 황새가 아기를 물어온다는 이야기와 함께 유럽에서 전해 내려오는 2대 아기 점지 전설이다.

'양배추 밭' 이야기는 중세 스코틀랜드가 기원이라고 백과사전에 나와 있다. 스코틀랜드의 11월 핼러윈 축제 전야에, 미혼 남녀들이 수확 후의 양배추 밭에 가서 눈을 가리고 닥치는 대로 양배추 뿌리를 뽑아 와 사랑점을 보거나, 양배추 심지를 잘라 와 배우자를 점 치는 전통행사가 있다는 데서 그 근거를 찾는다. 예를 들면 뿌리점은 '뿌리에 흙이 묻어 있으면 반드시 사랑이 이루어진다'는 싱거운 것이다(대체 흙이 묻지 않은 뿌리가 어디 있단 말인가). 심지점은 그 두께나 모양으로 상대의 체격을, 양배추 맛으로는 성격을 점치는 것이니, 이는 남녀가 의기투합할 기회를 주기 위한 게임에 지나지 않는다. 이처럼 양배추 밭에서 남녀가 만나 맺어진다는 풍습에서, 그곳에서 아기가 태어난다는 전설이 생긴 게 아닐까 하고 씌어 있다. 어쩌면 그럴지 모른다.

그러나 어째서 '양배추 밭에서 태어난 아기'라는 말만 따로 떨어져 나와 이렇게 유럽 전역, 아니 전 세계로 퍼졌을까. 이 설의 근거가 되는 미혼 남녀의 집단 모임은 그저 스코틀랜드라는 일개 지방에서 열리는 행사일 뿐인데, '양배추 밭 아기' 전설은 어떻게 다양한 민족의 풍속으로 스며들어갔을까.

첫째로, 양배추가 선사시대부터 인류가 재배해온 식물이자, 지금은 세계 각지 사람들이 즐기는 친근한 채소이기 때문이 아닐까.

양배추의 발상지는 우리 나라다, 하고 손을 드는 나라는 많지만 지금으로서는 코카서스 지방의 코르히다 분지라는 설이 유력하다. 코르히다 분지는 양배추와 유사한 식물의 품종이 다른 지역에 비해 놀라울 만큼 풍부하기 때문이다. 이렇게 세계 각지로 퍼져나가 모든 시대, 모든 민족에게 양배추만큼 주목받은 채소도 드물리라.

특히 고대 그리스와 로마에서는 믿을 수 없을 정도로 열광적으로 양배추를 애호했다. 우선 그리스. 아리스토텔레스의 제자로, 철학자요 박물학자이자 세계 최초의 식물학자 테오프라스토스는 명저 『식물에 관한 연구』(속칭 『식물지』)에서 당시 아테네에서 재배된 세 가지 양배추 품종에 관해 상세하게 쓰고 있다. 크리시포스라는 철학자는 양배추가 인체 각 기관에 어떤 영향을 미치는지 연구하여 논문을 남길 정도였다. 피타고라스는 양배추의 효용을 말하며 품종개량까지 시도했다. 의학자 디오스코리데스도 양배추의 약재로서의 효능을 칭찬하며 건강에 좋으니 되도록 많이 먹으라고 양배추 광고에 앞장 섰다.

로마의 인기 정치가이자 문필가인 대人카토는 유명한 저서 『농업론』에서 양배추의 소화촉진 효능을 높이 사며 세 품종을 소개하고 있다. 의학자 스크리보니우스 라르구스도 박물학자 대人플리니우스도 열렬한 양배추 권장파다. 덕분에 양배추는 로마 귀족과 서민에게서 모두 큰 인기를 거뒀다. 특히 삼겹살이나 로스햄과 함께 먹는 것을 즐겼다. 이런 습관은 지금도 바뀌지 않았고, 양배추는 쇠고기나 닭고기보다 돼지, 특히 그 가공품인 소시지나 햄이나 베이컨과 궁합이 잘 맞는다고 여겨지고 있다.

알렉산더 대왕에 이르러서는 대원정 중에도 병사들에게 틈만 나면 "양배추를 많이 먹어라, 양배추는 몸에 좋다"라며 열심히 권했다고 한다. 그 덕에 아시아에까지 양배추가 퍼졌다.

중세에 들어서도 양배추의 인기가 시들기는커녕 점점 더 높아져 널리 퍼져나갔다. 중세 이슬람 세계의 최고 의학자요 철학자인 이븐 시나는, 자신의 의학이론과 임상의학의 대계라고 할 만한 교과서 『의학정전』에서 고대 선인들의 양배추론을 소개하면서 검증하고 보완하였다.

중세에 양배추가 보급된 독일과 러시아에서도 지금은 국민 요리에서 빼놓을 수 없는 재료가 되었다. 사우어크라우트^{양배추 초절임} 없는 독일 요리, 양배추 안 들어간 보르시치, 롤캐비지 없는 발칸 요리는 그 어느 것도 말이 안 되니까.

일본에서는 겨우 메이지유신 이후에 양배추가 재배되기 시작했지만, 대중식당에서 채 썬 양배추가 빠진 메뉴를 어디 상상이나 할 수 있을까.

이렇듯 양배추는 세계에서 재배되어 식용되고 있는 채소요, 양배추 밭은 친근한 존재다.

둘째로, 양배추의 모양이 겹겹이 포대기로 싼 아기 모습을 떠올리게 하기 때문이 아닐까. 사실 고대 로마 시대에 양배추를 품종개량 하여, 지금처럼 공 모양의 품종이 생겼다. 이것이 '양배추 밭 아기' 전설의 설득력에 큰 힘을 실어주지 않았을까 싶다.

모모타로의 기장경단

모모타로를 모르면 가짜 일본인이라고 잘라 말해도 좋을 만큼, 모모타로 이야기는 일본의 대표적인 옛날이야기다. 이 이야기는 에도 시대의 5대 동화 가운데 하나로 손꼽힌다.

할머니가 강가에서 빨래를 하고 있자니 커다란 복숭아가 떠내려왔다. 집으로 가지고 돌아온 이 복숭아에서 건강한 남자아이가 태어났으니, 바로 주인공 모모타로다. 의협심이 강한 그는, 성장하자 집을 떠나 도깨비 섬으로 도깨비를 물리치러 가겠다고 길을 나선다. 이때 할머니가 모모타로에게 기장경단을 들려 보낸다. 도중에 개, 원숭이, 꿩을 만나 기장경단을 나누어주자 모두 모모타로의 부하가 되어 도깨비 정벌길을 따라나선다. 도깨비 섬으로 들어간 이들은 각자의 특기로 활약하여 도깨비를 항복시킨 뒤, 산더미처럼 많은 보물을 전리품으로 얻어 고향으로 돌아온다.

물론 나 역시 남들처럼 꼬마 때는 복숭아를 먹으면서 혹시나 남자아이가 들어 있으려나 싶어, 다치지 않도록 조심하며 베어 먹었다. 마찬가지로 튤립 속에 혹시나 엄지공주가 들어 있을까 하고 가슴을 콩콩거리며 들여다본 적도 있었다.

그러나 차츰 자라면서 신경이 쓰인 쪽은 기장경단이라는 음식이었다. 도깨비를 퇴치하러 떠나는 길은 위험천만하다. 부상 정도가 아니라 자칫하면 목숨까지 위험하다. 그런 위험을 무릅쓰고 모모타로를 따라가게 할 만큼 매력 있는 음식이라면, 분명 굉장히 맛있을 테지. 아마 구하기도 힘들 테고. 아아, 단 한 번이라도 맛볼 수 있으면 좋으련만!

그러나 현대 일본인의 일상생활에서 기장이나 기장경단은 좀처럼 보기 힘들다. 그럼, 혹시 동화책 속에만 존재하는 음식이 아닐까. 어느새 내 호기심은 현실과 타협하고 있었다. 정말 '그림의 떡'이 되어갔던 것이다.

태어나서 처음으로 기장경단을 먹은 것은 학창시절에 오카야마로 여행을 떠났을 때다. 토산품 가게에서 기장경단을 팔고 있기에 나는 당장에 달려들었다. 포장을 찢어 벗긴 다음 작고 노란 덩어리를 베어 물었는데, 어쩌나 밍밍한 맛(지금도 그 맛을 표현하지 못할 정도다)이던지 낙심천만이었다.

'애걔, 이게 뭐야. 이까짓 경단 하나에 도깨비 섬까지 따라갔단 말이야? 목숨 걸고?'

마음속으로 투정하면서도 상자 속 기장경단은 위주머니 속으로 홀랑 다 들어갔다.

그로부터 20년 뒤, 나는 농산물 수출입에 관한 어느 국제회의의 동시통역을 하러 미국 캘리포니아 주에 가게 되었다. 회의의 틈을 타서 양돈장을 시찰할 때였다. 마침 먹이를 주는 시간이라 토실토실 살찐 돼지들이 무서운 속도로 먹어치우고 있었다.

"맛있게 먹네요. 먹이는 뭐죠?"

답은 'hog millet,' 즉 기장이다. 그래. 원숭이나 개, 꿩에게는 더없이 매력 있는 음식인지도 모르지, 라는 생각이 그때 들었다.

너구리죽

요즘 나오는 어린이 그림책 중에는 원작 동화의 결말을 바꾼 것들이 있다고 한다. 즉 『혀 잘린 참새』*에 나오는 욕심 많은 심술쟁이 할멈도, 『원숭이와 게의 싸움』에 나오는 자기중심적이고 잔인한 원숭이도, 『딱딱이 산』에 나오는 멍청한 너구리까지도 결국 자신의 잘못을 뉘우치고 상대에게 용서를 구하며, 앙갚음하는 쪽도 무서운 벌을 주는 일이 없이 하나같이 화기애애하게 끝나는 유형이 등장했다고 한다. 이런 간접형을 쓴 이유는, "이것은 걱정스러운 사태"라고 지적한 기고를 〈아사히 신문〉에서 보고 알게 되어 요 한 달간 근처 도서관 몇 군데를 찾아다녀

---

* 옛날 어느 마을에 자식이 없는 할아버지가 참새 한 마리를 애지중지 키웠다. 어느 날 할아버지가 나무를 하러 간 사이 할머니가 쑨 풀을 참새가 전부 먹어버리자, 할머니는 화가 나서 참새의 혀를 잘라버린다. 참새는 울면서 산으로 날아갔고, 참새를 찾아 헤매던 할아버지는 우여곡절 끝에 참새를 만난다. 혀 잘린 참새는 자신을 찾아온 할아버지에게 보물을 준다.

보았으나, 아직 확인하지 못했기 때문이다.

아무리 극악무도한 살인범이라도 미성년자라는 이유로 극형을 면할 뿐 아니라 그 이름조차 밝히지 않는 현행 소년법 아래에서, '악'을 처리하는 방식을 동화에서까지 답습하는 듯한 느낌이 들었다.

그런데 『딱딱이 산』의 너구리는 『혀 잘린 참새』의 심술쟁이 할멈이나 『원숭이와 게의 싸움』에서 나오는 원숭이와 같은 줄에 세워야 할 정도로 나쁜 놈 취급을 해도 좋을지 망설여진다. 『딱딱이 산』 이야기의 열에 아홉은 할머니를 죽여 노파죽을 만들어버린 너구리에게, 죽은 할머니와 할아버지에게 귀여움 받던 토끼가 어떻게 복수하는지 묘사하고 있다. 그 수단이 요즘 아이들의 이지메를 연상시킬 정도로 비열하고 처참하고 인정사정없다. 마지막에는 속임수에 넘어간 너구리가 진흙을 실은 배에 태워져 물에 빠져 죽는데, 정말 그렇게 죽어야 할 정도로 나쁜 짓을 했을까. 사실 할머니를 노파죽으로 만들어버린 것은 심했지만, 원래는 너구리도 할아버지에게 잡혀 너구리죽이 될 뻔했다.

그 점을 떠올리면 너구리가 당한 일은 너무 심했다. 그 증거로 다자이 오사무를 비롯해 구라바시 유미코에 이르는 많은 작가들도 『딱딱이 산』을 패러디한 작품으로 '원작에 이의'를 제기했다.

이야기의 발단은 너구리죽이다. 에도 시대의 일본인은 기본적으로 네발짐승은 먹지 않았단다. 그러나 옛날이야기나 고전 라쿠고에서 너구리죽이 자주 등장하는 것을 보면 상당히 흔한 요리가 아니었을까. 생선을 구하기 힘든 산간 지방 사람들에게는 귀중한 단백질 공급원이었으리라.

사전에는 "너구리죽: 국물 음식의 일종. 된장으로 간을 하고, 비린내를 덜기 위해 얇게 깎은 우엉을 넣는다"라고 나와 있다. 그러나 현대 일본에서 너구리고기는 팔지도 않을뿐더러 너구리고기 음식점이 있다는 말도 들어보지 못했다. 나 역시 아직까지 한 번도 먹어보지 못했고, 주위에도 너구리죽을 먹어보거나 만들어보았다는 사람이 없을 뿐 아니라, 그런 사람이 있다는 소문도 못 들었……고 생각했는데 등잔 밑이 어두웠다. 어머니가 다니시는 개호센터고령화 대책의 일환으로 일정한 보험료를 납부한 노인들에게 의료·재활운동·식사 등을 제공하는 곳의 점심 메뉴에 '너구리죽'이 있는 게 아닌가.

흥분하여 당장 전화를 걸어본 3분 뒤에 찾아온 낙담이라니. 그 센터의 너구리죽은 일종의 사찰음식 같은 것으로, 너구리고기 대신 기름에 볶은 구약나물을 넣는단다.

이런 '아류'까지 있다면 원조는 얼마나 맛있을까 상상해보지만, 한편으로 육식을 하는 짐승의 고기는 맛없다는 것도 상식이다.

그 의문은 도치기 현 자연박물관장 나카가와 시로 씨가 쓴 문장 한 줄로 풀렸다. "일본에서 흔히 너구리죽으로 알려진 산촌 요리의 정체가 사실은 오소리였다"는 것이다. 똑같이 생겼으나 너구리는 개 과科, 오소리는 족제비 과다. 너구리는 육식성 잡식이고, 오소리도 잡식이나 기본적으로는 초식이다. 겨울잠에 들어가기 직전에는 피하 지방을 두껍게 축적하여 체중이 30킬로그램까지 나가며, 고기는 맛있고 양도 푸짐하니 사냥꾼들이 노리는 표적이 된다.

오소리는 너구리보다 훨씬 더 평화롭고 얌전한 생물이다. 그럼 『딱딱이 산』에서 너구리죽이 된 것도, 어쩌면 오소리인지 모른다. 그렇다면 너구리로 여겨진 오소리가 받아야 했던 처사는 더욱더 억울하다는 생각이 든다.

주먹밥 타령

『혀 잘린 참새』『혹부리 영감』『꽃 피우는 할아버지』 『젊어지는 샘』 등 일본 옛날이야기는 어째서 이리도 구조가 똑같은 것들이 많을까. 다들 한 가지 기본형의 변형으로 보일 정도다.

욕심 없이 열심히 일하는 마음 착한 할아버지(할머니)가 그 선행의 보상으로, 오랜 고생이 열매를 맺는 행운을 얻게 된다. 그러나 그것을 질투한 배우자나 이웃은 게으른 주제에 욕심만 많은 못된 사람이라, "왜 저놈만 좋은 일이 생기지? 아이고, 배 아파라. 난 어쩌라고" 하고 어떻게든 행운의 비결을 알아내어, 똑같이 따라하다가 오히려 불행이 닥친다는 줄거리다.

유럽의 민간전승을 채집한 그림이나 안데르센, 샤를 페로Charles Perrault, 1628~1703. 동화라는 장르의 기초를 다진 프랑스 작가. 대표작으로『잠자는 숲 속의 공주』『장화 신은 고양이』 등이 있다의 이야기 모음집을 뒤져

봐도, 의외로 이런 구조는 드물다.

그렇다면 옛날부터 일본인은 요코나라비橫ならび남과 차이가 나는 것을 꺼려 자신을 주류에 맞추려는 일본인 특유의 행동양식 의식이 강했다는 말인가. 이 각양각색의 옛날이야기는 남은 어디까지나 남이요, 그 행운을 부러워하거나 질투하고 더욱이 흉내까지 내는 것은, 인간이 할 일이 못 되는 천박한 짓이라고 경종을 울리는 것이리라.

그러나 아무리 그래 봐야 별 효과는 없었나 보다. 어느 방송사의 한 프로그램이 잘나간다 싶으면 다른 방송사도 덕 좀 보자 싶은지 당장 비슷한 출연자에 비슷한 프로그램을 만든다. 가전제품이며 자동차며 주택이며, 잘 팔린다 싶은 기술을 개발하면 곧바로 모든 회사가 유사품을 개발해버린다. 기업만이 아니다. 남과 같지 않으면 마음이 편치 않은 모양인지, 공부하기 싫어하는 자식들을 억지로 대학에 보내려는 부모가 이리도 많은 나라는 아마 일본뿐이리라. 옆집과 똑같지 않으면 마음이 안정되지 않는다. 이것이 현대 일본의 회사나 개인을 깊이 지배하는 행동원리가 아닐까.

한편『주먹밥이 데굴데굴』국내 번역본: 김난주 옮김, 비룡소, 2007년 출간도 기본적으로는 구조기 같은 이야기다. 작하고 욕심 없는 할머니가 강에 빨래하러 갈 때 가지고 간 점심 보따리를 풀었더니 주먹밥이 데굴데굴 굴러가다가 구멍 속에

쏙 빠져버린다. 할머니도 뒤를 따라 구멍 속으로 들어가 보니, 도깨비들이 주먹밥을 먹어버린 뒤였다. 할머니가 도깨비들이 시키는 대로 노래를 부르고 춤을 추니 신이 난 도깨비들은 할머니한테 요술 주걱을 준다.

솥에 쌀 한 톨을 넣은 다음 받아 온 주걱으로 휘휘 저으면, 금세 몽글몽글하게 쌀이 불어나 맛있는 밥이 되니 얼마나 고마운가. 이를 질투한 옆집 욕심쟁이 할멈이 똑같이 흉내를 내지만, 노래도 춤도 형편없어 도깨비들은 주걱을 주기는커녕 실컷 혼내주기만 했다는 이야기다.

프라하의 소비에트 학교에 다닐 때, 여름학교에서 무료함을 달래느라 각자 자기 나라의 옛날이야기를 하게 되었는데, 나도 모르게 이 이야기가 입에서 튀어나왔다. 모두들 재미있어했으나 이야기를 들려주면서 왜 그리 슬펐는지. 많고 많은 옛날이야기 중에 왜 하필 이 이야기를 골랐을까. 분하고 분해 눈물이 다 났다.

"왜 그래, 마리?"

모두들 걱정해주었으나 이유를 말해봐야 알아줄 리 만무했다. 그날 밤은 한숨도 못 자고 괴로워했다. 그다음 날도 그다음 날도 하나의 이미지에 붙잡혀 몸부림쳐야 했다. 꼬박 일주일 동안 내 머릿속은 온통 주먹밥 하나로 가득 차 있었다. 아, 우메보시가 들어간 주먹밥을 먹고 싶다.

연어라도 좋다. 오카카대패로 얇게 깎은 가다랑어포, 가쓰오와 같은 말도 좋다. 그저 향긋한 김으로 싼 거면 만족하리라. 주먹밥을 먹을 수만 있다면 무슨 짓이라도 할 수 있겠다. 도저히 더 견딜 수 없어 프라하에 계신 어머니께 엽서를 보냈다.

일요일은 격주로 부모님들이 여름학교를 찾아오시는 참관일이다. 어머니는 그때 주먹밥을 만들어 오셨다. 그걸 볼이 메도록 베어 먹으며 행복해했다. 그때 '쌀 없이는 살 수 없는 나는 어쩔 수 없는 일본인'이라고 태어나서 처음으로 느낀 것 같다.

벼농사 전통이야말로 맛있는 쌀을 낳았지만, 동시에 일본인에게 강한 요코나라비 의식도 낳았다. 그런 의미에서 『주먹밥이 데굴데굴』은 실로 상징적인 옛날이야기다.

간주곡

고베 식도락 여행

난생처음 내 집을 장만하게 되었다. 어떤 집이 좋을까?

"나 좀 봐줘! 어때, 나 멋있지? 미인이지? 나 좀 봐달라구~" 하고 외치는 듯한 자기과시욕 덩어리는 싫다. 자칫 지나쳐버릴 것 같아도 자세히 보면 아늑해 보이는 집, 외관이나 인테리어 모두 아무리 봐도 질리지 않는 집, 10년, 20년, 50년, 100년이 지나도 괜찮은 집이면 좋겠다. 건축가와 설계도를 앞에 놓고 상담해나가는 동안 집에 대한 내 생각은 이렇게 정리되었다. 그러던 어느 날 불현듯 "그래, 고베로 가보자!" 하는 생각이 들었다.

10년, 20년 전에는 참신하고 최첨단으로 지었다는 건축물 대부분이 지금은 한물가서 빛바래 보인다. 한편 그보다 훨씬 전에 지어졌지만 시간이 갈수록 더욱 아름다워지는 건물이 있다. 고베의 이진칸異人館20세기 초 서양의 선교사나 상인들이 고베 시내에 세운 건물들의 총칭이 바로 그렇다. 전통 가옥에도 그런 걸작들은 많지만, 지금의 나는 대다수 일본인과 마찬가지로 전통적 생활양식에 맞추지 못할 몸이 되어버렸다. 그러니 아마도 이진칸에는 우리 집에 필요한 힌트나 아이디어가 꽉 차 있을 것이다.

고베에서 묵을 숙소도 이진칸이면 좋겠다 싶어 인터넷으로 뒤지고 여행 잡지를 찾아봤지만 쉽게 나오지 않았다. 내 마음에 딱 드는 기타노 호텔은 1995년의 고베 대지진으로 휴업 중이었다(지금은 영업 재개). 다음 방법으로 아담하고 고풍스러운 호텔을 몇 군데 뽑아 가서 현지에서 방을 보고 정하기로 했다.

고베행이 알려지자 당장 친지들에게서 전화며 팩스가 쏟아져 들어왔다. 아무튼 엄청난 먹보가 많은 우리 친지들은 맛있는 음식을 발견하면 다른 사람에게도 먹이고 싶어하는 습성이 있다. 또 그것이 사람을 행복하게 하는 가장 확실한 방법이라 믿어 의심치 않는다. 그러니 그들이 권하는 가게를 다 찾아다녔다가는 한 달도 모자랄 판이다. 내 위는 하나요, 주어진 시간은 이틀밖에 없다. 아무리 열심히 먹는다 해도 점심 두 끼, 저녁 두 끼밖에 여유가 없다.

고베행 교통수단을 기차가 아니라 비행기로 택한 것도 순전히 점심을 고베에서 먹기 위해서였다. 9시 15분에 하네다 공항을 이륙하면 한 시간 뒤 이타미 공항에 내린다. 그다음 택시로 30분만 가면 고베에 당도할 것이다. 택시 기사는 손님들에게 솔직한 정보를 들었을 테니, 평판 좋은 호텔이나 맛있는 집을 잘 알고 있다. 호텔을 골라 정한 다음 점심도 천천히 즐길 수 있겠지.

이타미 공항에서 탄 택시의 기사는 이런 내 처지에 딱 알맞은 사람이었다. 고베에서 태어나 자란 토박이로, 서점을 운영하다가 고베 대지진으로 가게가 무너지는 바람에 택시기사로 직업을 바꾸었단다. 고베를 구석구석 잘 알고 있는 데다가 말하기 좋아하는 친절한 사람이었다. 내가 작성한 호텔 리스트에서 세 군데 정도를 꼽아달라고 하여 한 곳씩 둘러보기로 했다. 그러나 하필 대학 입학시험 기간이라 어느 방이나 만원사례라서, 체크인 시각인 3시까지는 방을 볼 수 없단다. 한 호텔은 사진에 보이는 현관 홀로 판단컨대 우스꽝스러울 만큼 중세 이탈리아 수도원을 고스란히 따온 것 같다. 그 열정과 3미터짜리 거실 천장에 반해 '호텔 몬트레 고베'로 정했다.

짐을 맡기고 드디어 '장 물랭Jean Moulin'으로! 고베에 사는 사촌(그의 미각은 절대적으로 신뢰할 만하다)이 장담한 프랑스 레스토랑이다. 오늘 아침은 굶고 나왔고, 레스토랑이 있는 기타노로 가는 길은 가파른 오르막길이다. 높은 곳에 오를수록 조망은 좋아지는 법! 이래도 식욕이 안 생기면 이상하지. 기타노 이진칸 거리 한가운데에 있는 '장물랭' 건물은 황토색 벽에 짙은 갈색 창틀이 아름다운 이진칸이다. 옛날에 스위스 상인의 저택이었던 건물을 모던하고 세련되게 리모델링했다는 소문이 납득이 갈 정도로 그럴싸하다. 사실은 그저 소문에 불과한 신축 건물이란다. 그 정도로 집 주변 환경에 녹아들어, 마치 100년 전부터 그 자리에 버티고 있는 듯이 짓다니 훌륭하다. 이거야말로 내가 지으려는 집의 콘셉트가 아닌가.

발을 들여놓으니 단골손님처럼 맞이해준다. 정말 단골집처럼 푸근하다. 9000엔짜리 코스를 골랐다. 전채며 샐러드며 부야베스^{사프란을 넣은 해물 수프. 마르세유 지방의 명물 요리}며 점점 더 식욕을 돋워주는 맛이라 나도 모르게 빵을 으적으적 너무 많이 먹고 말았다. 혼자라서 와인은 잔으로 시켰더니, 이 또한 별미라 한 잔 더 받았다. 메인 요리는 오늘 아침 시장에서 막 들여온 도미를 택했다. 신선한 재료를 최대한 살린 담백한 맛이라 단숨에 한 접시를 뚝딱 해치웠고, 디저트 두 종류에 커피까지 어느새 위주머니에 홀랑 들어갔다. 특히 전복과 키조개 샐러드는 지금도 내 눈과 혀에 새겨져 있는 일품. 떠올리기만 해도 다시 고베에 가고파진다. 가게를 나설 때가 되이시아 너무 많이 먹은 것을 깨달았다. 움직임이 둔해질 정도로 포만감이 들었다.

마침 잘됐다. 배도 꺼뜨릴 겸 이진칸을 둘러보기로 하

자. '비늘의 집'맨 처음 공개된 이진칸 건물로 지정 문화재. 벽이 생선비늘처럼 생겨서 붙은 이름까지 급경사를 오르는 것은 좀 힘들었으나, 그 노고는 이 집의 2층에서 내려다보이는 절경으로 보답받았다. 고베의 거리며 항구를 한눈에 조망할 수 있었으니. '비늘의 집' 세부에는 이야기가 담겨 있는 것 같다. 집 안에서는 파충류 모양의 그로테스크한 담벽이 보이지 않는 것도 좋았다.

야마테 8번관, 기타노 외국인클럽, 구舊 중국영사관(주택 문화로 보면 중국은 역시 유럽과 연결된 땅이라고 느껴진다), 이탈리아 관아보이 씨 저택으로도 불리던 서양식 건물로 현재 '플라톤 장식 미술관'으로 쓰인다. 고품격 인테리어와 소장품이 유명하다 등을 차례로 둘러보았다. 100년이 지나도 퇴색되지 않는 아름다움은 아마 100년 뒤에도 사람들의 마음을 사로잡을 테지. 튀지 않게 장식된 미닫이창과 현관 아치가 마음을 푸근하게 해준다. 창이며 문이며 계단 난간의 고운 선에 마음이 빼앗겨 셔터를 누르며, 지금부터 지을 우리 집 창문도 알루미늄 덧문은 달지 말까 하고 망설인다.

땅거미가 내릴 무렵 호텔로 돌아와 체크인. 거실도 수도원의 간소한 수도실처럼 꾸며져 있다. 욕실도 꽃무늬 타일이네, 요즘 이런 장식은 드문데…… 이건 착각이었다. 가까이 가보니 공산품 욕조다. 벽도 미장이가 흙손으로 정성스레 마무리한 느낌……이 아니라 벽지였다. 끝이 떨어져 팔랑거리고 있다. 단번에 흥이 깨진다. 마치 〈백조의 호수〉에서 춤추는 아름다운 발레리나의 장딴지에서 덥수룩한 털을 보는 듯하다. 완벽하고 철저하게 흉내 내지 않으면 조크나 패러디가 되어버린다.

마음을 다잡고, 가자 '후지하라'로! 먹보 여동생이 꼭 가볼 만하다며 추천해준 튀김 요릿집이다. 사실 10년 전 정보라서, 고베 대지진 뒤에도 영업을 하는지 어떤지도 알 수 없었다. 가이드북이며 각종 잡지에는 나와 있지 않았다. 그러다 인터넷에서 발견했다. 모토마치 아케이드 거리에서 옆 골목으로 비껴 들어간 곳에 되도록 눈에 띄고 싶지 않다는 듯 살포시 서 있었다. 가게에 발을 들여놓는 순간 무슨 영화 세트 안으로 들어온 느낌이었다. 전통 앞치마를 두른 주인아주머니가 은막의 여배우처럼 보였고, 건물도 옛날식이었다. 못을 박지 않는 공법으로 지어 지진 때 약간 기울었으나 여진 덕분에 본래대로 돌아왔단다. 가까이 있던 다이마루백화점이나 은행 빌딩은 모두 쓰러졌다는데.

튀김옷이 도쿄 튀김집보다 훨씬 얇고 바삭바삭해서 먹기 좋았다. 밑반찬으로 나온, 쌀식초로 버무린 양상추가 식욕을 돋우어주었다. 나온 요리 모두 맛있었으나, 특히 이 가게에서만 맛볼 수 있는 것은 아마도 문어 튀김이리라. 식후 과일 또한 일품이었다. 계절 과일 중에서 주인아주머니가 고르고 골라 내온 것이라니, 단골들이 기대할 만하다. 오늘은 에히메산^産 밀감이었다. 어제까지는 미야자키산 금귤이었단다. 대, 대, 대만족. 다시 고베에 올 때는 맨 먼저 곧장 이리로 와야겠다.

이렇게 일부러 선전하지 않는 곳에 정말 맛있는 가게가 많다. 맛있는 집은 소문내지 않아도 한 번 온 손님은 꼭 다시 올 것이요, 절로 입소문이 나는 법이다. 그렇다면 스테이크집 '아라가와'도 기대할 만하겠네. 그곳도 미식가들 사이에선 고베에서 제일간다는 평판이 난 집이지만 홍보는 일절 하지 않는다지? 장소는 전화 안내로 알아냈다. 다음 날 아침은 건너뛰고 오전은 '가자미도리의 집' '모에기의 집' '슈에케 저택'을 돌아보며 될 수 있는 한 배를 꺼뜨리려 애썼다. 아라가와는 펄 로드 상점가를 마주하고 있으나 간판도 없는 데다 문도 소박해서 간신히 문패를 찾았다. 제일 싸다 해도 2만 엔인데 그 코스를 시켰다. 무 수프며 그린 샐러드, 게다가 디저트로 나온 라즈베리 파이는 100점 만점이었다. 그러나 정작 메인 요리는 내 입에는 별로였다. 쇠고기 엉덩이 살을 '레어'로 시켰는데, 아마도 일반적인 일본인 취향에는 딱 맞을 것이다. 하지만 나는 스테이크는 좀 더 씹는 맛을 즐길 수 있고 맛이 진한, 말하자면 '피맛'이 강한 쪽을 선호한다.

소화도 시킬 겸 구 파나마 영사관, 영국관, 양식연립주

택과 '벤의 집'을 돌아보았다. 양식연립주택은 이진칸치고는 천장이 낮다. 어제에 이어 이렇게 한꺼번에 이진칸을 둘러보며 느낀 것은, 가옥이란 역시 사람이 살아야 한다는 것이다. 박물관이 되어버리면 어쩐지 허무하다. 표본에는 살아 있는 생물의 생기가 없다. 예를 들어 '라인관'의 1층은 찻집이다. 이렇게라도 활용하는 편이 집으로서는 행복해 보인다.

모토마치로 이동하여, '에스트 로열' 앞의 장사진 행렬을 기다렸다가 케이크 여섯 종류를 샀다(도쿄에 가서 시식한 결과, 역시 간판 메뉴인 슈크림과 슈르프리즈를 권한다). 그런데 사람들은 어째서 줄을 서는걸까? "거기에 행렬이 있기 때문이지."(마호메트)

가까운 '파티시에 트레투르 콤므 시누아'에서 쿠프 콤므 시누아Coupe Comme Chinois를 주문했다. 잡지에 나온 사진을 보고 아무래도 먹고 싶어졌기 때문이다. 맛이 진한 과일과 바닐라아이스, 민트 시럽이 어우러져 입안 가득 퍼진 청량감이 가시기도 전에, 건너편 줄에 가 서서 '로쇼키'에서 갓 쪄낸 돼지고기 만두를 먹었다. 긴 행렬에 손사래를 치는 주인아주머니가 퉁명스럽기에, 너무 많이 팔려 피곤해서 그럴 거라며 만두 맛을 잔뜩 기대했으나 줄 설 가치는 없었다. 그렇다고 만두 3개를 남길 수도 없어 먹어치웠다. 중화거리, 세계 어디를 가도 한눈에 알 수 있는 이 색감과 건축양식이 식욕을 돌게 하는 효과가 있는 것 같다. 다음은 맞은편의 '간소교자엔'으로. 이곳 점원도 로쇼키와 우열을 다툴 정도로 퉁명스러워 이번에는 기대하지 않고 주문했지만, 정작 나온 군만두 1인분이 얼마나 맛있던지! 좀 전에 억지로 먹은 것이 후회스러웠다. 안 그랬다면 한 접시 더 먹는 것쯤이야 식은 죽 먹기였는데.

고베를 떠나기 직전의 마지막 저녁은 쇼후쿠로로 정했다. 이미 고인이 되셨지만, 친척 중에서도 특히 미식가였던 삼촌이 "고베에서 가이세키懷石 공복을 견딜 정도의 조촐한 음식이라는 뜻으로, 다도에서 차를 마시기 전에 내는 간단한 식사. 지금은 다도에서 독립된 격식 있는 요리를 먹을 거라면" 하고 추천해주신 곳이었다. 로산진魯山人 1883~1959. 화가, 도예가, 서도가, 요리가, 미식가로 다방면에 문화적 영향을 끼침의 수제자 요리사가 욧카이치에 연 식당의 지점이 포트피아 호텔 1층에 있단다. 역시 기대를 저버리지 않는 미식이라 말하고 싶지만, 그 전에 게걸스레 주워 먹고 다니느라 배 속에 여유가 없었던 데다 돌아갈 비행기 시간에 신경이 쓰여 한 시간이 채 되기 전에 가게를 나와야 했던 탓에, 맛을 제대로 음미할 수 없었던 것이 참으로 후회된다. 그래, 다음에는 충분히 시간을 가지고 맛을 음미해야지. 그런데 그게 언제쯤 될까?

간사이 공항으로 가는 수상버스 안에서 수첩을 넘겨보았다. 인상에 남은 것은 이진칸의 미닫이창이나 난로가 아니라, 입맛을 다신 요리 접시인지라 어이가 없었다. 이렇게 앵겔지수가 높은 여행이 되어버리다니. 맙소사, 이진칸을 둘러보는 차에 맛있는 것을 먹은 게 아니라, 요리를 맛있게 먹으려고 배를 꺼뜨리느라 이진칸을 둘러본 셈이되어버렸네.

* 참고: 여기서 소개한 '장 물랭'과 '쇼후쿠로'는 현재 영업하지 않으니 주의하시길!

제
3
악
장

어떤 이분법

어느 현자 가라사대 "먹기 위해 사는 것이 아니라, 살기 위해 먹느니라" 하셨다. 이는 몰리에르의 희곡 『수전노』 제3막 5장에 나오는 꽤나 유명한 대사다. 엘리즈에게 반한 발리에르는, 엘리즈의 아버지이자 수전노인 아르파공의 눈에 들려고 잔머리를 굴리다가, 앞의 대사를 읊었다. "손님에게 너무 후하게 베풀지 않는 편이 좋아요"라며 쩨쩨한 소리를 한 다음 그럴듯한 말을 하다가 나온 말이다.

여기서 말하는 '어느 현자'는 소크라테스인 듯하다. "듯하다"라고 한 것은, 저 플루타르코스의 『윤리론』에 나오는 이야기니까. 『영웅전』을 읽어보면 알다시피, 플루타르코스는 이야기를 재미있게 하기 위해 사실을 왜곡하는 버릇이 있는 것 같다. 그런데 플루타르코스 이전에도 퀸틸리아누스나 겔리우스 같은 고대의 쟁쟁한 유명인사들이, 소크라테스의 말이라며 인용하고 있으니 어쩌면 사실일

지도 모른다.

　게다가 현자 하면 철학자가 대명사요, 철학자 하면 소크라테스가 아닌가. 아무튼 고대 그리스의 철학자를 말하라 하면 십중팔구는 소크라테스라 할 것이요, 그리 답한 사람의 반은 소크라테스의 부인 크산티페라는 이름도 알고 있을 것이다. 천하의 악처라는 것도 함께 말이다. 소크라테스가 철학자의 대명사가 된 만큼 크산티페는 악처의 대명사가 되어버렸다. 예를 들어 『콘사이스 인명사전』에서 '크산티페'를 찾아보면, 이렇게 나와 있다. "종종 남편을 들볶으며 욕설을 퍼부어 옛날부터 악처의 대명사로 불리나, 이는 과장이다. 그저 평범한 아내인 그녀에게 남편의 삶이 너무 독특했다고 볼 수 있다."

　여기서도 보듯이 그녀에게 불리하게 씌어 있다. 그러나 크산티페가 공동생활을 꾸리기 힘든 성격이며, 참기 힘들 정도로 협조적이지 않고 제멋대로 구는 여자였다는 점에 관해 신빙성 있는 자료는 없다.

　예를 들어 소크라테스의 제자였던 크세노폰이 쓴 『소크라테스 회상』_{국내 번역본: 최혁순 옮김, 범우사, 1998년 출간}은 소크라테스에 관한 가장 신뢰할 수 있는 문헌이라 하지만, 여기에 그려진 크산티페는 남을 배려할 줄 알고 꼼꼼하게 챙겨주는 유순한 아내이자, 자식들을 위해서라면 희생도 마다않는 어머니였다. 부부싸움이 끊이지 않았다는 소크라테스와 크산티페의 이미지는 티끌만큼도 보이지 않는다.

또 한 사람의 애제자인 플라톤 역시 소크라테스의 비극적인 운명을 내다보고 한탄하며 애를 끓이는 크산티페의 모습을 전하고 있다. 거기에서 보이는 것은 남편을 위하는 착한 아내다.

크산티페가 악처라고 세상에 알려진 것은 앞서 본 크세노폰이 저서 『향연』(플라톤도 같은 제목의 저서를 남겼다)에서 크산티페에 대해 "지금은 말할 나위도 없거니와, 과거에도 미래에도 이처럼 참기 힘든 여자도 없을 것이다"라고 썼기 때문인 것 같다. 더불어, 이 책에 따르면 소크라테스는 제자 안티스테네스가 "어째서 하필이면 크산티페 같은 여자랑 결혼하셨습니까?"라고 던진 질문에 이렇게 대답했다고 한다.

"내 관찰에 의하면 말 타기 명수가 되려는 뜻을 품은 자들은 말 잘 듣고 얌전한 말보다는 성급하고 길들이기 힘든 말을 골라. 난폭한 말을 다스릴 줄 안다면 다른 말은 쉽게 다스릴 수 있을 거라는 요량이지. 나도 그들과 똑같이 행동했을 뿐이야. 사람들과 잘 사귈 방법을 찾기 위해 크산티페와 결혼했어. 그녀와 잘 지낼 수 있다면 누구랑 사귄다 해도 별 어려움이 없을 거야."

그러나 『향연』에 나온 대화가 실제로 있었는지 아닌지는 알 길이 없다. 아시다시피 소크라테스는 단 한 권도 저서를 남기지 않았으니까. 그의 언행은 뒷날 제자들이 엮은 것이다. 크세노폰이 『향연』을 쓸 무렵, 이미 고인이 된 소크라테스의 애제자를 자처한 안티스테네스는 견유학파의 창시자로 알려져 있었다. 어쩌면 크세노폰은 스승의 지와 덕을 과찬하는 경향이 있는 이들 학파에 못을 박으려 했는지 모른다. 그래서 소크라테스와는 대조적인 악처 크산티페 상像을 만들어냈는지 모른다는 설이 있다.

아무튼 크세노폰의 『향연』 이후, 고대 그리스 철학도들 사이에서는 소크라테스와 크산티페라는 두 캐릭터로 갖가지 사고와 수사법을 훈련하는 전통이 생겼다고 한다.

텔레비전 연예 프로그램에서 쏟아내는 연예인들의 가정사나 연애문제에, 아무 관계없는 우리가 이러니저러니 하며 그 얘기에 끼고 싶은 것과 비슷한 일인지 모르겠다.

이렇게 해서 크산티페가 악처라는 설은 신빙성이 낮다는 것이 현대 '교양인들'의 '상식'이 되었다. 그런데 정말로 소크라테스가 "먹기 위해서 사는 것이 아니라, 살기 위해서 먹느니라"라고 말했다면, 이 '상식'도 바뀌어야 한다고 본다. 적어도 크산티페의 요리 솜씨가 형편없었다는 뜻일 테니 말이다. 매일 먹는 음식이 얼마나 맛이 없었으면 이런 말을 떠올렸을까.

현자 소크라테스가 하신 듯한 이 말을 논하면서 말투

에 가시가 돋쳐 죄송하다. 눈치챘겠지만 나는 이 말을 받아들일 수 없다. 나는 어느 쪽이냐 하면 '살기 위해 먹는 것이 아니라, 먹기 위해 사는' 부류의 인간이기 때문이다. 이는 아무래도 타고난 성향이 아닐까 싶다. 노력으로 어찌 될 문제가 아니기에.

혈액형으로 인간을 분류하여 재미있어하는 사람들이 많지만, 나라면 우선 인간을 '살기 위해 먹는' 타입과 '먹기 위해 사는' 타입으로 나누겠다. 이쪽이 성격을 훨씬 더 정확하게 맞힐 수 있으리라. 전자는 공상벽이 있는 염세주의적 경향의 철학자에 많다. 후자는 낙천적이고 인생을 즐기려는 현실주의자에 많다. 작가로 말하면 전자는 아쿠타가와 류노스케이고, 후자는 가이코 다케시_{開高健}^{1930~1989. 전후문학의 기수라 평가받는 소설가. 『벌거벗은 임금님裸の王様』으로 아쿠타가와 상 수상}다. 물론 대부분의 사람들은 이 양극단의 중간에 퍼져 있겠지.

자신만만하게 잘라 말한 것은, 물론 근거가 있기 때문이다. 실은 친가 쪽은 정말 하나같이 후자 타입이다. 만나자마자 어디어디의 도미국밥이 일품이더라, 요즘은 장어가 제철이라는 둥 먹는 얘기만 잔뜩 늘어놓는다. '양반은 안 먹어도 긴 트림 한다'는 허세와는 전혀 관계없는 사람들이다. 이들은 다들 정치가, 실업가, 저널리스트 등 현실적인 직업에 종사하는 사람들이요, 철학자나 고상한 음악가, 화가, 시인 등이 직업인 사람은 한 사람도 없다.

아무래도 나나 내 여동생은 이슬만 먹고살 것 같은 선비형 피가 짙은 외가 쪽보다는, 먹보 피가 농후한 친탁을 한 모양이다.

미지의 음식과 성향

나보다 어린 친구 하나가 몇 번이나 선을 봤다고 하기에 조금 놀라웠다. 그녀는 텔레비전에 자주 나오는 탤런트이기 때문이다.

"너처럼 미인이면 일부러 선을 보지 않아도 남자는 넘쳐날 텐데?"

"고마워. 근데 이 정도 외모는 이 업계에선 차고 넘치잖아. 게다가 동업자들은 서로 경쟁의식이 너무 강해서 같이 있으면 마음이 푸근해지질 않아. 그래서 전혀 무관한 업종에 있는 사람들을 만나고 싶어."

"호오, 그렇다면 선볼 때 어떤 점을 체크하는데?"

선본 경험이 없는 나로서는 흥미진진하다.

"내가 이래 봬도 10번 이상이나 봤거든. 거기서 낸 결론이니까, 꽤 보편성이 있다고 봐."

"와, 그거 정말 알고 싶은데!"

"가장 알기 쉬운 건 함께 밥을 먹어보는 거야. 우선 음식을 가리지는 않나 봐야 해. 과도한 편식은 그 사람의 성장과정을 말해주고, 성격이며 건강에도 지대한 영향을 미친다 이 말씀."

열심히 들어주니 그녀는 신이 나서 계속했다.

"게다가 밥 먹는 습관, 먹는 속도, 음식을 입에 넣기까지의 일련의 행동, 씹는 법 들을 티 안 나게 그러면서도 꼼꼼히 봐야 해. 결혼하면 매일 같이 식사할 텐데, 이런 것들이 신경에 거슬리면 오래 못 가잖아."

그러고 보니, 러시아 주요 인사들의 통역으로 동행할 때 나도 모르게 관찰해온 것이 있다. 그 결과 먹는 법과 삶의 방식, 성격에 일정한 규칙이 있다는 사실을 알게 되었다.

러시아인 대다수는 일본 음식을 태어나서 처음 먹어보는 경우가 많다. 특히 일상적으로 어패류를 거의 먹지 않는 내륙에서 온 사람들에게 생선회며 초밥이며 오징어 같은 것은 먹는 데 상당히 용기가 필요한 도전이다. 음식은 자기 몸속으로 들어가는 것이니, 처음 보는 음식을 먹을 때는 무의식적으로 본성이 나온다. 그 사람의 호기심과 경계심 사이의 균형감각이 드러나고 마는 것이다. 미지의 것에 얼마나 마음을 열고 있는지를 볼 수 있는 리트머스지 같은 역할을 한다고 할 수 있겠다.

리가초프 정치국원은 페레스트로이카가 시작될 무렵 소련 공산당 정치국에서는 고르바초프의 오른팔이라 불리고, 개혁추진파에게는 보수파 두목이라고 비난받은 인물이다. 그는 회나 초밥은커녕 프랑스 요리에 종종 나오는 굴이나 말조개도 못 먹었고, 익힌 생선조차 꺼렸다. 물론 튀김도 노. 그렇다면 샤브샤브나 스키야키는 어떻겠냐며 주최 측이 권해봤지만 일본 요리는 못 먹는다고 막무가내였다. 그래서 일본에 머무르는 동안 그는 무난한 프랑스 요리를 먹었다.

페레스트로이카를 추진하면서도 좌우 세력의 균형 잡기에 노심초사한 고르바초프 전 대통령도 초밥이며 회에는 거부반응을 보였다. 살짝 맛보는 일조차 없었다. 하지만 튀기거나 익힌 생선, 샤브샤브나 스키야키는 대단히 즐겼다.

개혁 면에서라면 극좌파를 넘어 아예 소련을 붕괴시키는 불도저 역할을 한 옐친은 어떠냐 하면, 나온 음식은 무엇이든 흥미를 보이며 맛있게 먹어치웠다. 회며 초밥이며 된장국이며 낫토에 참새구이는 물론, 재미로 점점 희한한 음식을 내오던 주최 측이 어이없어할 정도로 그는 어떤 음식이건 얼굴색 하나 바꾸지 않고 먹었다.

이들 세 사람의 경우는 낯선 음식을 받아들이는 정도와 정치에 대한 혁신성의 정도가 우스울 정도로 정비례했다. 물론 세계 각국에는 보수적인 식생활을 하는 혁명가도 있을 테고, 희한한 음식을 즐기는 보수정치가들도 있을 것이다. 그래도 그 사람이 본질적으로 보수적인지 혁신적인지를 점치기에는, 미지의 음식에 대한 태도를 보는 편이 혈액형보다 훨씬 더 잘 맞을 것 같다.

시베리아 초밥

"그렇게 잔인한 프로그램도 없어요, 요네하라 씨."

I 씨는 텔레비전 프로그램 제작사의 디렉터로, 비범한 오지와 벽지 전문가다. 히말라야니 남극이니 안데스 산맥의 오지, 사우디아라비아의 사막 등지만 골라 취재 다닌다. 그러니 단파방송 라디오 수신기는 필수품이란다. 일본 방송국에서 해외로 내보내는 일본어 방송을 듣는다는 것이다.

"아, 그 프로? 나도 라디오 앞에서 얼마나 괴로웠는지 몰라요."

신문기자로 아프리카 케냐에 오랫동안 부임한 적이 있는 H 씨도 맞장구쳤다. 비판의 도마에 오른 대상은 NHK가 매주 토요일 해외로 발신하는 〈주말 클럽〉이라는 프로그램에서 '다마무라 도요오의 음식 세시기食歲時記'라는 코너다. 에세이스트이자 농사도 짓는 다마무라 씨가 매번 일본인이 그리워할 만한 계절 음식을 골라, 요리법이며 먹는 법에 대해서 들려준다.

"그거 아시나요? 지금은 옛날과 달라서 아시아, 미국, 유럽 혹은 오스트레일리아 등 '문명권'에 체재하는 한, 일본에서 내보내는 텔레비전 프로나 신문, 잡지 등을 접할 기회는 꽤 있지요. 게다가 각 나라 수도에는 대개 일식집이나 일식 재료를 파는 가게도 있어요. 그런 곳에 사는 일본인은 단파방송은 듣지도 않죠. 단파방송을 학수고대하는 사람은 그런 걸 통 접할 수 없는 곳에 있는 사람이란 말입니다. 된장국에 흰 쌀밥을 구경도 못하는 곳에서 이를 악물고 참고 있는데, 방금 딴 죽순을 어떻게 조리하는지 그런 걸 듣는 사람 처지도 생각해줘야 할 것 아니에요, 나 참."

"안 들으면 되잖아요."

"그게 가능할 것 같아요?"

이런 효과가 생긴 데에는 다마무라 씨의 말솜씨도 한몫했겠지만, 텔레비전이 아닌 라디오라는 매체의 특성 탓도 큰 것 같다. 영상은 상상력의 범위를 정해버리지만, 소리만 듣는 경우 인간은 얼마든지 자유롭게 이미지를 부풀릴 수 있다. 지금까지 먹어본 것 중에서 가장 맛있는 죽순 요리를 떠올릴 테니까.

나 또한 지금까지 먹어본 것 중에 가장 맛있었던 요리

를 떠올리라고 한다면, 맨 먼저 눈앞에 어른거리는 것이 혹한의 시베리아에서 상상으로 먹은 초밥이다.

15년 전[1984년], 텔레비전 취재에 동행하여 평균 기온 영하 50도의 세계에서 꼬박 한 달을 지낸 적이 있다. 일식은 커녕 밥이나 면조차 구경도 못했다. 채소라 해봐야 감자와 당근에 양파, 거기에 사우어크라우트가 전부다. 아무래도 좋다. 밥만 먹을 수 있다면. 누룽지라도 좋아. 그래, 찬밥이라도 좋다. 이렇게 취재진 일행과 함께 밥에 애달아 동동거리고 있자니 머리가 띵하다.

"아이고, 초밥 먹고 싶어라."

"그럼, 초밥집 놀이나 하죠" 하고 제안한 것은 나였다.

"예?" 하고 어이없다는 듯한 얼굴을 보이는 모두에게 시침 뚝 떼며, 입을 열었다.

"어서 옵쇼, 오늘은 뭘로 드릴깝쇼?"

"좋아, 그럼 붉은 살 생선부터 부탁하오."

"흰 살은 뭐가 들어왔소?"

"오늘은 가자미가 좋습다아."

"그럼 난 그걸로. 지느러미 쪽으로 주슈."

"난 피조개."

"예이, 여깄습다아."

"와, 이거 진짜 맛있네."

"그야, 엄선한 재료니까요."

"여기는 시베리아니까, 다음은 다랑어에 오징어."

이런 식으로 꽤나 즐겼다. 그 뒤 모스크바, 상트페테르부르크를 거쳐 2개월 뒤 도쿄로 돌아온 취재팀은 이튿날 초밥집으로 직행. 다들 한 입씩 먹고는 이구동성으로 외쳤다.

"역시 초밥은 시베리아가 제일이군!"

구로카와 도시락

앞에서 쓴 대로 15년 전, 방송 취재에 동행하여 평균
기온 영하 50도 땅에서 꼬박 한 달을 보낸 적이 있다. 먹
은 거라곤 어제나 그제나 고기 요리요, 채소라곤 감자, 당
근, 양파에 사우어크라우트밖에 없었던 것도 앞서 쓴 대
로다. 사계절이 뚜렷하여 다양한 채소며 과일이 푸짐한
환경에서 살아온 일본인에게, 이는 얼마나 참담한 환경인
지 더 설명이 필요 없으리라.

그래도 죽도록 바빴다면 차라리 다행이었을 것이다. 취
재로 녹초가 되어, 먹는 것에 신경 쓰지 않고 그저 배만
채우는 데 만족하여 침대로 직행하는 나날이었으면 얼마
나 좋았을까.

하지만 신은 고약하다. 북극권에 가까운 지역의 일조
시간은 겨울엔 극도로 짧다. 해님은 오전 11시 정도가 되
어야 겨우 귀찮다는 듯이 텁수룩한 얼굴을 내미는가 싶

더니, 어느새 오후 3시쯤만 되면 뭐가 그리 급한지 지평선 저편으로 후다닥 숨어버린다. 그러면 하루 스무 시간의 밤이 시작된다. 촬영에는 빛이 불가결하니 일을 접고 호텔로 돌아가는 수밖에 없다.

아득할 정도로 긴 밤의 동무는 그저 먹는 일뿐. 그러나 나오는 것마다 앞서 본 것들뿐이니, 당연한 귀결이지만 지금 눈앞에 있는 음식 말고 일본에 돌아가서 꼭 먹고 싶은 음식을 두고 이렇다 저렇다 논하는 것이 일과가 되었다. 특히 귀국 당일에 회사에 도착했을 때 어떤 식사가 나올지에 대해 모두들 흥분했다. 귀국 날이 가까워질수록 이야기도 점점 구체적으로 변해갔다.

"개국 30주년의 대大프로젝트니까 귀국하면 7층 중역실로 모셔지는 건 당연한 거 아냐? 그리고 나오는 건 아마 R이나 K에서 배달된 풀코스 중국요리겠지?"

프로듀서 H는 고급 중국요릿집 이름을 댔다.

"아냐 아냐. 일식이 그리울 거라고 배려해서 F의 가이세키 도시락이나 T의 호화로운 회 정식을 준비했을 거야."

눈을 반짝인 것은 디렉터 M.

"난 A의 장어덮밥도 좋은데."

카메라맨 S가 그렇게 말하며 침을 꿀꺽 삼켰다. 주거니 받거니 이렇게 즐거운 시간이 한 시간이나 계속되었을까. 갑자기 H가 흥분된 목소리로 말한다.

"그런데 혹시 말야, 혹시나 구로카와 도시락이 나오면, 난 자리를 박차고 나올 거다."

"설마, 그럴 리가 있겠어? 개선용사인 우리한테 그렇게 맛없는 도시락을 내올 리 없잖아."

"그렇지? 그러나 정말로 만에 하나 그런 일이 생기면 난 자리를 박찰 테니 다들 날 따라나서야 돼."

"당연지사!"

드디어 귀국하던 날, 나리타 공항에는 취재진의 가족들이 마중 나와 있었다. 가족들과 함께 방송국으로 가는 버스에서 H는 취재팀 일동에게 다시 한 번 확인시켰다.

"알았지? 구로카와 도시락이 나오면……."

"두말하면 잔소리!"

의기양양하게 방송국에 도착한 일동이 안내받은 곳은 물론 7층의 중역실, 이 아니라 반은 창고로 쓰는 창문도 없는 좁고 더러운 회의실이었다. 접이식 철제의자를 구석에서 꺼내 들고 와서, 마찬가지로 접이식인 철제 테이블을 둘러쌌다. 예감이 안 좋다.

문이 활짝 열리며 도시락이 운반되어 왔다. H가 벌떡 일어섰다. 상자에 붙어 있는 상표에는 큰 글씨로 '구로카와'라고 쓰여 있다. 덩달아 일어서던 우리가 엉거주춤한 자세가 된 때였다.

"와아, 도시락이다."

귀여운 목소리다. 목소리의 주인공은 H의 네 살배기 딸. 엄마가 익숙한 솜씨로 도시락을 열어주었다. 소녀는 표독스러울 정도로 새빨간 소시지를 한 입 베어 물더니, 또 기쁜 듯이 외쳤다.

"아, 맛있어. 이렇게 맛있는 도시락은 처음이야."

물론 우리는 엉거주춤했던 자세를 바로잡았다.

냉동생선의 대팻밥

18년 전에 단 한 번 먹어본 잊을 수 없는 그 맛! 아, 언제 다시 먹어볼 수 있을까.

냉동이라 하나 가정용 냉장고에 딸린 그런 쩨쩨한 냉동실에 비할 것이 아니다. 도쿄 하루미 항에 있는 거대한 생선 보관용 냉동고에 견학차 들어가본 적도 있지만, 그래 봐야 영하 45도 정도다. 거기서 테스트에 합격한 합성수지 방한 신발이, 그 동토를 밟는 순간 당장에 짝짝 금이 가 쓸모없어졌다.

당시에는 야쿠트(인접한 부랴트족 말로 '세상 끝의 또 끝'이라는 뜻)라 불렸고 지금은 '사하'라고 불리는, 러시아 연방 내 자치공화국 수도 야쿠츠크에서 있었던 일이다. 때는 12월.

"조금만 따뜻해지면 레나강에 낚시나 하러 갑시다" 하고 야쿠트인 가이드가 권하기에 낚시 도구를 한 벌 사두었다. 날을 잡은 그날의 기온은 영하 53도.

해가 뜨기 직전인 10시 반, 레나 강가에 도착했다. 강은 강이나, 총 길이가 4270킬로미터나 된다니, 일본에서 가장 긴 시나노강의 12배로 일본열도 전체보다 길다. 야쿠츠크 시 근처의 강폭은 18킬로미터. 건너편 기슭은 아예 보이지도 않는다. 바다로 보일 정도라고 형용하고 싶지만 표면이 얼어 있으니 눈의 융단을 깔아놓은 초원 같다. 얼음 두께는 평균 1미터 안팎이라 했다. 여기저기에 50입방센티미터 정도 되는 주사위 모양이 쌓여 있기에 교량이나 무슨 건축재인가 싶었는데, "마실 물입니다"라는 대답에 잘못 들은 줄 알았다.

"네?"

"저 큐브 같은 걸 집에 들고 가서 용기에 두면, 어느새 물이 되죠. 야쿠트에선 물을 길을 때 양동이가 필요 없어요. 편리하죠?"

"……." (←아연실색한 상태)

"이 근처가 좋겠네. 여기에 자리 잡죠."

드릴처럼 생긴 용구를 꺼내, 옆자리 낚시꾼의 능숙한 솜씨를 흉내 내어 얼음에 구멍을 뚫기로 했다. 이러쿵저러쿵 구시렁거리며 용을 써보지만, 구멍은커녕 얼음에 흠집 하나도 낼 수 없었다.

"이봐요 당신들, 톱날을 갈아 오지 않았나 보네."

강태공 아저씨는 보다 못해 자기 드릴을 빌려주었다. 과연 이번에는 잘됐다. 지름 20센티미터 정도의 구멍이 뚫리자마자 얼음 밑에 있던 물줄기가 힘차게 뿜어 나왔다. 그러자 아저씨는 갑자기 몸을 굽히더니 거기다 얼굴을 갖다 대는 게 아닌가.

"어어어어어쩌시려구요?"

"아니, 목이 좀 말라서. 댁도 좀 마셔보시구려."

"……." (←아연실색한 상태)

다음은 낚싯줄에 플라스틱 미끼를 매달아보려 하나, 장갑을 세 겹이나 낀지라 손가락을 마음대로 놀릴 수가 없다. 에잇, 하고 장갑을 벗어젖혔더니 손가락이 아려 10초도 못 견디겠다.

"어디 봐요."

아저씨는 또 보다 못해 손수 달아주신다. 맨손이다.

낚싯줄을 간신히 구멍에 드리웠다. 하지만 물고기가 걸리길 기다리기만 해서는 안 된다. 구멍에서는 계속 얼음덩어리가 떠오른다. 튀김 요리 때 튀김 부스러기를 걷어내듯이, 망으로 만든 국자로 자주 걷어내지 않으면 힘들게 뚫은 구멍이 당장에 막혀버리기 때문이다. 게다가 낚싯줄도 물기가 얼면서 점점 두터워져가니, 때때로 줄을 퉁겨서 털어내야 한다. 아저씨는 이것도 맨손으로 했다.

왔다! 어느새 물고기가 걸려든 것이다. 오쿤(농어)처럼 생긴 흰 살 생선을 낚아 올렸는데, 팔딱팔딱 몸부림을 치더니 세 번째 팔딱하기 전에 그대로 얼어버렸다. 만져보니 딱딱한 몽둥이 같다. 돌보다 단단할 정도다.

순식간에 자연냉동되어버린 물고기가 양동이에 가득 차자, 숙소로 돌아와 곧장 주방으로 가지고 갔다. 요리사는 물고기 덩어리를 양손으로 잡더니 조리대에 고정된 대패 위를 몇 번 왔다 갔다 했다. 꼭 목수가 대패질하는 모습이다. 쥐고 있는 게 반대일 뿐. 물고기의 '대팻밥'이 점점 불어났다.

이 '대팻밥'에 얇게 채 썬 양파를 버무려 소금과 후추로 간을 해서 먹는다. 입에 넣는 순간 '대팻밥'이 사르르 녹으며 부드럽고 달콤한 맛이 입속에 번져나갔다. 아, 이 행복. 이 요리의 러시아 이름은 스트로가니나. 정말 '대팻밥'이라는 뜻이다. 이것을 안주로 보드카를 찔끔찔끔 마시며, 다음엔 꼭 와사비와 간장을 챙겨 와야지 하고 다짐했다.

"암, 그야 루이베^{열린 연어회}는 최고지, 그럼."

내가 이 얘기를 들려주면 아는 척하는 사람이 꼭 있다. 그들은 거의가 홋카이도 출신이다.

"아니, 달라. 그런 것과는 전혀 다르다구."

루이베는 아마도 러시아어 르이바(생선)에서 온 게 아닐까. 시베리아에서 건너온 요리로 냉동생선이나 냉동고

218

기를 대패로 밀어 먹는 것이니 만드는 법은 같다.

"그래도 달라. 절대로 다르다구."

나는 지금 당장이라도 책상을 박차고 일어서서 대꾸하려 한다. 그러나 포기한다. 낚아 올린 순간에 냉동된 생선의 신선한 맛과 혀에 착착 감기는 그 감촉을 도대체 어찌 전할 수 있으랴. 도저히 말로는 전할 수 없다는 것을 깨닫고 답답한 마음에 언짢아진다.

부엌의 법칙

요리는 좋아도 설거지는 딱 싫다는 사람이 많다. 사실은 나도 이 부류에 속한다. 원래 이 두 가지 일은 정반대의 소양을 필요로 하기에 "요리 잘하면 청소 못하고, 청소 잘하면 요리 못한다"는 동서고금에 통하는 법칙이 있을 정도다. 둘 다 잘한다면 기적, 둘 다 못한다면 예외가 되겠죠, 틀림없이.

그래서일까. 냉장고며 전자레인지가 방방곡곡 퍼져나간 요즘은 식기세척기 광고가 눈에 많이 띈다. 실제로 내 주변에도 구입한 사람이 몇 있다.

"그래서 설거지가 편해졌어?" 하고 물으면, 다들 입을 맞춘 듯이 "써본 건 처음 일주일이야. 나중엔 귀찮아져서……"라는 대답이 돌아온다.

"식탁에서 그릇을 싱크대로 날라 와서 찌꺼기를 헹군 다음 세척기에 넣고, 끝나면 꺼내서 찬장에 정리. 이래서

220

야 한번 손님이라도 치르지 않는 이상, 손수 설거지하는 거랑 성가신 건 다름없잖아."

그러고 보니 나도 요전에 2만 엔이나 주고 산 조리기구가 찬장에서 먼지를 덮어쓰고 있는 것을 떠올리며, 내친 김에 "부엌용품의 가격과 사용 빈도는 반비례한다"는 부엌의 새로운 법칙을 생각해냈다. 지인들에게 말했더니 맞장구를 쳐준다. 미국 캘리포니아 주에서 홈스테이를 한 적이 있는 A가 얘기를 꺼냈다.

"도착한 그날로 집 안을 안내해주더군. 부엌이 훌륭했어. 무슨 요리 프로그램의 스튜디오인가 했어. 꿈인가 싶을 정도로 정말 온갖 부엌설비가 다 되어 있더라구. 내가 놀라워하고 있으니, 여주인이 저녁을 만들 테니 뭘 먹고 싶냐며 비프, 포크, 치킨에 양고기, 송아지고기도 있다며 먹고 싶은 고기가 있으면 말해보라는 거야. 나는 그럴싸한 요리를 만들어주시나 싶어 정말 감격했어. 이렇게나 환대를 받다니 눈물이 날 것 같았던 거지. 그런데 정작 저녁상을 받아보니, 밑반찬까지 세트로 붙어 있는 냉동식품을 전자레인지로 '지잉' 하고 데워서 내놓은 거였어. 다음 날도 그다음 날도, 아무튼 그 집에 묵는 1년 동안 쭉 냉동식품만 나왔지 뭐야."

"우리 아들도 보스턴에서 홈스테이할 때 그랬대."

"우리 딸도 버지니아 주로 유학 가서 하숙했는데 그랬

다더라" 하고 다른 두 사람도 맞장구쳤다.

"그럼 뭐 하러 훌륭한 부엌을 만드는 거지?"

"손님에게 집 구경 시켜주는 걸 좋아하니까, 그럴듯하게 보이려는 거겠지."

"우리 아들이 홈스테이 간 집에서는 한 달에 한두 번, 홈 파티 할 때나 쓴다더라."

이런 대화를 들으며 전에 생각해낸 법칙을 응용해보았다.

"부엌이 훌륭하면 훌륭할수록, 요리 솜씨는 좋지 않다."

아무튼 이런 어이없는 반비례 법칙은 부엌에 한해서는 얼마든지 눈에 띈다. 예를 들면 이런 것이다.

"요리 만드는 데 든 시간과 그것을 먹어치우는 데 드는 시간은 반비례"요, "어차피 실패한 요리는 손을 대면 댈수록 맛없어"지며, "열심히 만든 음식일수록 손님의 평은 좋지 않"고, "가장 주목받는 것은 언제나 최소한의 노력으로 만든 것"이다.

마지막 두 가지 법칙은, 얼마 전에 요리책과 씨름해가며 오리에 사과를 채워 넣은 요리를 만들었더니, 들은 칭찬이라고는 곁들인 감자가 잘 익었다는 말뿐이었던 비참한 경험에서 이끌어낸 것이다.

맛없는 음식을 인내한 자가 세상을 지배한다

"매일 맛있는 밥을 해 먹인다면, 남편이 자정 넘어 들어오는 일은 없을 거고, 자식들이 나쁜 길로 드는 일도 없을 거예요."

요리 솜씨에 자신이 있는 T 여사는 슬하에 2남 1녀를 두고 있다. 그녀는 복스러운 볼에 보조개를 띄우며 노래하듯 이렇게 덧붙였다.

"맛있는 것을 먹을 때의 행복함은 사람을 상냥하게 만들죠. 아무리 공격적인 기분도 금세 사그라질 거예요."

"그런데 옛날에는 이런 말도 있었죠. 딸은 맛있는 걸 먹여서 키우고 아들은 대충 먹여 키워야 행복해진다고."

이의를 제기한 이는 친구 U. 지금 한창 먹을 때인 아들 둘과 매일 전쟁을 치르고 있으니 조금 삐딱하게 보면, 꼬박꼬박 정성스레 해 먹이지 못하는 스스로를 변명하는 것으로 들릴 수도 있다.

"왜냐하면 딸의 입맛이 까다로워지면 스스로 요리를 하게 될 테니, 시집가서 남편이며 시댁에서 사랑받겠죠. 하지만 입맛 까다로운 남편이라면 아내로선 그리 달갑지 않을 거예요. 본인도 식사할 때마다 괴로울 거고요."

물론 T 여사도 잠자코 있지 않았다.

"어머, 그건 좀 고루한 생각 아닌가요? U 여사님이 '남자는 부엌 출입 금지'주의자라니 의외네요. 우리 아들들은 먹기도 좋아하지만, 다들 요리도 잘하니 며느리들이 얼마나 좋아하는지 몰라요. '이렇게 맛있는 요리와는 영원히 헤어질 수 없는 몸이 됐다'라면서 아부하지 뭐예요."

둘이 하는 얘기를 듣고 있자니 '사랑은 위를 거쳐서 온다'라는 러시아 속담이 떠올라, 변변찮은 음식에 견디며 큰 자의 강인함에 대해 생각하게 되었다.

음식에 까다롭지 않아야 한다는 덕목은 오랫동안 일본의 남성상, 곧 사무라이 미의식의 완고한 축을 이뤄왔다. "먹는 걸 가지고 이렇다 저렇다 하는 놈은 남자 축에 끼지도 못한다"는 뜻이다.

군대나 기업 등, 자아와 자기 욕구를 극단적으로 억제해야 하는 조직 내에서 살아남으려면 욕구 자체가 적을수록, 아니 가능하다면 아예 없는 편이 조직을 위해서도 본인을 위해서도 편할 것이다. 게다가 조직의 명에 따라 어떤 산간벽지나 오지로 파견된다 한들 별 볼 일 없는 음식에 익숙하다면 그나마 견디기 쉬울 것이다.

아시아 여러 나라 가운데 일본의 근대화가 한발 앞선 것은 다른 나라들처럼 서구의 식민지가 되지 않고 오히려 주변 국가를 식민지로 삼은 덕분이다. 하지만 한편으로 일본군이 강했던 것은 군인들이 형편없는 음식을 참고 견뎠기 때문이 아닐까. 전쟁은 무기나 연료, 식량 등을 조달하는 병참 능력에 달려 있고, 병참에서 식량이 차지하는 비율이 낮으면 낮을수록 국가로서는 이롭다.

제2차 세계대전 당시 일본군은 나폴레옹의 전략처럼 '식량 현지 조달'을 택했다. 이로 인해 전쟁터가 된 지역에서는 민가의 습격, 약탈, 강간 행위가 빈발했으니, 현지 민간인의 분노를 사 결국 상황을 불리하게 만들었다. 또한 제2차 세계대전 중 일본군 전사자의 태반이 사실은 전투하다 죽은 것이 아니라 굶어 죽었다는 자료도 나왔다.

이탈리아나 프랑스 군대는 병참에서 식량이 차지하는 비율이 양적으로도 금전적으로도 커서 장기전에는 불리했다. 식사에 대해 일반 병사들이 요구하는 수준이 높아, 반드시 풀코스로 음식이 하나하나 제대로 나오지 않으면 병사들이 불만을 드러내며 싸우려 들지 않았다. 무기나 연료 문제보다 식사 공급이 제일 중요했단다. 이는 근거 없는 속설이지만 거의 진실에 가깝지 않을까. 일본군도

식도락으로 알려진 오사카 사단이 가장 약했다는 말을 여기저기서 들었다.

7대양에 걸친 식민지를 지배한 대영제국, 세계의 경찰로 불리는 미국. 현재 이 앵글로색슨족만큼 세계에서 공격적이요, 패권을 노리는 민족도 드물 것이다. 그 저력은 혹시 맛없는 요리에 익숙한 덕분이 아닐까?

물론, 다른 나라의 전혀 다른 자연 조건, 역사와 문화를 배경으로 형성된 식생활, 그 나라 사람들이 맛있다며 매일 잘 먹는 음식을 다른 나라 사람이 "맛없다!"라고 잘라 말하는 것은 오만불손함 그 자체요, 듣기 거북하다는 것은 잘 알고 있다. 알면서도 말하련다. 영국에서 지낸 2주일, 미국에서 지낸 2주일 동안 그 밍밍한 맛과 거친 양념, 가축 사료 같은 양에는 도저히 익숙해지지 못했다. 이런 변변찮은 음식을 먹고 자란 사람들은 세계 각지 어디로 파견되든 먹는 것에 불만을 품는 일은 없을 거라는 생각을 해봤다.

일시적으로 어느 지역을 군사적인 무력으로 제패했다손 치더라도, 그곳을 식민지로 통치하고 계속 지배하려면 군대가 주둔해야 할 뿐 아니라, 본국에서 많은 사람들을 현지 감독으로 파견해야 한다. 파견된 사람들은 기꺼이 그곳에 거주해주어야 하고. 그러려면 본국 음식이 매력 없을수록 유리하지 않을까. 본국 요리가 맛있다면 외지에서의 장기 체류를 견뎌낼 수 있을까? 반대로 체류하는 나라의 음식이 더 맛있다면 고향 생각도 덜 날 것이다. 그렇게 된다면 몇 년이라도 기꺼이 체류할 수 있을 것이다. 맛없는 요리, 이것이 영국이나 미국으로 하여금 세계를 제패하게 만든 원동력이 아닐까?

영국이나 미국 요리가 맛있어진다면 세계가 좀 더 평화로워질지 모르겠다.

고국 음식의 위력

"열한 살 되는 아들이 축구선수가 되고 싶어 해요. 그런데 나처럼 근시랍니다. 아들을 위해서 내가 먼저 실험대에 오른다는 각오로 참가했어요."

이발사 N 씨가 말했다. 농담처럼 들리지만 비장한 각오가 엿보인다. 수술 전의 긴장감 때문인지 이런 말을 할 때마다 오히려 다들 잘 웃는다. 이들은 모스크바 안과 현미顯微수술연구소에서 라식수술을 받기 위해 처음으로 시력회복 투어에 참가한 12명의 남녀들이다. 연령은 19세에서 45세까지, 직업은 학생, 자영업자, 회사원, 가정주부 등각양각색이다.

최근엔 일본에도 라식수술이 보급되어 있지만, 1986년 당시에는 모스크바로 가는 수밖에 없었기에 내가 통역으로 고용된 것이다. 수술 원리는 지극히 간단하다. 각막을 살짝 절제해 빛의 굴절도를 바꿔주면 안경이나 콘택트렌

즈 없이도 망막 위에 정확한 상이 맺힌다. 수술 자체에 걸리는 시간은 한쪽에 10분 정도이지만 수술 뒤 일시적으로 시력이 떨어지니 생활의 편의를 위해서 닷새 정도 간격을 두고 나머지 한쪽 눈을 수술한다. 수술 전후에 검사와 관리가 필요해서 모스크바에는 약 2주간 체류한다.

수술이 끝나고 사흘째 되던 날, 시력 검사에서 맨눈으로 1.0과 0.8이라는 결과가 나와 다들 놀라움과 기쁨에 들떠 있었다. 그런데 옆에 있던 F 씨는 엉엉 울기 시작했다.

"수술하기 전보다 더 안 보여요."

담당 여의사는 말했다.

"수술은 성공이었어요. 하지만 F 씨는 난시 수술도 같이 했고, 원래 근시도 심하지 않아서 칼을 덜 댔어요. 이런 환자는 회복에 시간이 걸립니다. 조바심 내지 마세요."

아무리 수술이 잘됐다고 설명해줘도 귀에 들어오지 않는 모양이었다.

"전혀 좋아지지 않았으니 왼쪽 눈 수술은 그만두고 내일 짐을 싸서 돌아갈래요" 하고 떼를 쓰기 시작했다. 이미 그녀는 100만 엔이라는 거금을 지불했다. 치료 중인 지금 돌아가버린다면 돈을 쓰레기통에 버리는 거나 마찬가지다. 아무리 설득해봐야 점점 더 의기소침해질 뿐. 그러더니 이젠 수술하지 않은 눈까지 보이지 않는다며 미친 듯이 흥분했다. 서둘러 검사를 받아보았지만 이상은 없었다. 극도의 정서불안으로 실명 상태가 된 것이리라. 방을 같이 쓰는 사람 말로는, 그녀가 요 사흘 동안 거의 아무것도 먹지 못했단다.

그걸 듣고 머리에 떠오르는 게 있어, 한 신문사 모스크바 특파원으로 있는 친구 부인에게 전화를 걸어 부탁해보기로 했다. 싫다는 F 씨를 기분전환이라며 억지로 차에 태워 친구 집으로 직행했다. F 씨는 정말로 아무것도 안 보이는지 내 팔에 꼭 매달려 더듬으며 거실로 들어갔다. 그러나 친구 부인이 만들어 내온 우메보시가 든 주먹밥을 먹고 나서, "아, 행복해" 하고는 휴 한숨을 내쉬는 순간, "어머, 눈이 보이네? 이렇게 잘 보이는 건 중학교 때 이래 처음이야!"라며 즐거운 비명을 질렀다.

하얀 쌀밥과 우메보시가 일본인에게 미친 기적에 가까운 효과에 대해서는 사실 대단한 자신감이 있었다. 그것은 소녀 시절 5년간 외지에 살았고, 그 뒤로도 직업상 장기간 자주 일본을 떠나 있어야 했던 내 경험에서 나온 것이다. 주먹밥 단 한 개로 나는 몇 번이나 절망을 추슬러 살아갈 용기와 힘을 얻었는지 모른다.

이는 단지 일본인에게만 국한된 현상은 아니다. 일상적으로 섭취하는 주식이나 기본적인 음식이 그 국민에게 미치는 위력에는 어떤 영적인 힘마저 있다.

1736년 러시아·터키전쟁이 한창일 무렵, 5만 4000명의 러시아 대군이 크리미아 반도로 적진 깊숙이 쳐들어갔다. 그런데 호밀을 실은 짐차가 우크라이나 스텝 지역에서 전복되는 예상치 못한 일이 벌어졌다. 그로 인해 군인들의 빵은 그 지방에서 나오는 밀가루로 구워야 했다. 얼마 가지 않아 장병들은 차츰 병으로 쓰러져갔고, 군의 사기가 땅에 떨어졌다. 당시 참모 부관이던 만시틴은 종군일기에 이렇게 쓰고 있다.

"전투원들의 몸이 약해진 가장 큰 요인은, 신맛 나는 흑빵을 즐겨 먹던 그들이 여기서는 신맛이 전혀 없는 흰 빵에 만족할 수밖에 없었기 때문이다."

반대로, 현대 러시아문학의 아버지라 불리는 시인 푸시킨은 그로부터 약 100년 뒤 코카서스를 방문했을 때, 그루지야의 군사도로 건설현장에서 일하고 있던 터키인 포로들이 러시아의 신맛 나는 흑빵에 질려 고국의 라바시(동그랗고 납작한 흰 빵. 인도의 난과 비슷하다)가 그리워서 괴로워하는 모습을 목격했다.

"친구 세레메체프가 동경하던 파리에 갔다가 당장에 돌아와서는 '끔찍해. 파리에서 산다는 게 정말 끔찍해. 도대체 흑빵을 먹을 수 없다니, 두 손 들었다니까' 하고 한탄하던 게 생각났다."

이렇게 쓴 푸시킨도 그 며칠 후, 산악지대인 아르메니아의 작은 부락에서 흑빵 없이 라바시만으로 지내야 하는 괴로움을 겪었다.

"그 다리알 계곡에서 터키 포로들이 망향의 한을 토로하던 게 이거였군. 터키 병사들이 그리도 싫어하던 흑빵을 위해서라면 내 거금을 줘도 아깝지 않으련만."

요즘 일본에서도 신맛 나는 독일식 호밀빵을 파는 가게가 늘었다. 러시아 흑빵은 독일 빵보다 신맛이 다섯 배는 더 강하다. 신맛은 효모를 발효시키는 과정에서 나는 맛이라 소화에 좋고 장아찌처럼 식욕 증진 효과가 있다. 실제로 러시아인의 빵 소비량은 다른 유럽 나라들의 평균 소비량의 3배에 조금 못 미친다는 통계가 있을 정도다.

나조차도 불현듯 러시아 흑빵이 그리워질 때가 있으니, 러시아인에게는 얼마나 대단할까.

1054년에 그리스정교회가 로마가톨릭교회와 분리된 것은 동서 기독교의 분단이라는 큰 사건으로서, 고등학교 세계사 시간에 암기해야 했다. 그때 배운 기억으로는 분리된 이유가 삼위일체설의 해석과 마리아 숭배에 대한 의견 차 때문이 아니었나.

그러나 실제로 결정적인 원인이 된 것은 성찬식에서 쓸 빵을 둘러싼 대립이라는 설이 있다. (비잔틴이나 러시아에서 일반적인) 신맛 나는 빵을 쓸 것이냐, 가톨릭에서 일반적인 신맛 없는 빵을 쓸 것인가를 두고 11세기 중엽에 동서양 교회에서 격론이 벌어진 것이다. 결국 교황 레오 9세가 "성찬식에서 신맛 나는 빵을 써서는 안 된다"라고 단언함으로써 비잔틴정교회 본부는 가톨릭과 맥을 달리할 수밖에 없었다. 100년 전쯤부터 정교회 산하의 기독교를 국교로 삼은 신흥국 러시아에서는 신맛 나는 흑빵을 상용하고 있었으니, 이를 부정하면 민족적인 자존심과 정체성을 다치게 됨은 불을 보듯 자명한 일이었다. 레오 9세의 결정에 따름으로써 러시아는 가톨릭과 분리된다. 비잔틴이 가톨릭보다 러시아를, 즉 흑빵을 택했다고 말하는 것은 그 때문이다.

어느 나라 사람에게나 그 사람을 고국과 이어주는 기본적인 음식이 있다. 그것은 신앙심이나 애국심의 향방을 좌우할 막대한 위력을 지니고 있다. 일본인의 경우는 밥이 아닐까.

그렇다. 히노마루(일장기)보다 히노마루 벤또^{일장기 모양의 도시락. 밥 한가운데 빨간 우메보시가 박혀 있는 데서 유래했다}라는 말이다. 글로벌 스탠더드를 외치고 나라와 나라 사이의 경계가 사라질 듯한 요즘이지만, 자신을 조국에 묶어두는 가장 튼튼한 동아줄은 어려서부터 즐겨 먹는 음식임이 틀림없다.

그런데 좀 걱정스럽다. 요즘 와서 편의점 음식으로 크는 아이들이 엄청나게 늘어나고 있다는 점이.

먹보 댄서

태어나서 처음으로 〈백조의 호수〉를 본 것은 아마도 네 살 때쯤인 듯하다. 볼쇼이 발레단이 일본에 왔을 때 세기의 프리마돈나 울라노바가 추는 백조에 홀딱 반했다. 그때 엄마를 졸라서 산 브로슈어에 나와 있던 몇몇 사진은 아직도 뇌리에 각인되어 있다. 날만 새면 그 사진을 들여다보며 한숨을 내쉬었기 때문이다.

'발레리나가 되자. 내 갈 길은 그것밖에는 없어.'

어린 마음에 이렇게 결심하고는 매일 레슨을 다녔고, 우리 집에 오는 남자 어른들은 내 열정에 희생양이 되어야 했다. 프리마돈나 기분을 내는 나를 들어 올려야 했기 때문이다.

10대가 되자 적어도 내 용모나 재능이 객관적으로 보이기 시작했다.

"클래식 발레리나는 좀 무리가 있어. 스타일과 외모도

재능의 일부니까" 하고 달관한 것이다.

"그 대신 캐릭터 댄서라면 희망이 있을지 몰라. 그래. 맘 먹은 김에 세계의 모든 민속무용을 터득하고야 말 거야."

역시 꿈은 어디까지나 무용수가 되는 것이었다. 좋아하는 일로 돈까지 벌 수 있다면 얼마나 행복할까. 무용학원을 다니며 이름 있는 무용가나 무용단 공연이 오면 없는 돈을 박박 긁어모아 표를 구하곤 했다.

대학교에선 민족무용연구회라는 걸 창단하여 단장 자리에 올라앉았다. 러시아 코사크 댄스, 인도 무용, 스페인 무용, 헝가리의 차르다시, 중앙아시아의 페르가나 무용…… 아무튼 세계 각지의 무용을 책이나 영상으로 보며 재현해 무대에 올렸다.

그것이 처음엔 학교 안에서, 그러다가 어느새 다른 대학에까지 소문이 나는 바람에 일본 각지의 대학축제에 불려 다니게 되었다. 잘 받아봐야 차비와 숙박비뿐이었지만, 봐주는 사람만 있다면 기꺼이 단원들과 함께 어디든 달려갔다.

대학축제가 몰려 있는 어느 가을날 오후, 교토의 K대학에서 공연을 마치고 교토 역으로 서둘러 갔다. 세 시간 뒤면 오사카의 O대학에서 공연해야 했기 때문이다. 특급열차 탈 시간은 빠듯했지만 그래도 총 6명이 에키벤^{일본에서} _{그 지역 특산물로 만든 도시락}을 사는 것은 잊지 않았다. 아직 점심을 먹지 못했던 것이다.

　다행히 열차에 뛰어 탈 수 있었고, 일동은 좌석에 앉자마자 일제히 도시락을 열고 먹기 시작했다. 그야말로 한눈 한번 팔지 않을 정도였다고나 할까. 도시락을 깨끗이 먹어치우고 나서야 눈앞에 앉아 있는 기품 있는 중년 신사가 눈에 들어왔다. 어이없는 표정으로 이쪽을 주시하고 있는지라 인사를 했다.

　"이거, 정신없게 해드려 죄송했습니다."

　"감탄하고 있었습니다. 배가 많이 고팠나 보죠?"

　"눈치채셨어요?"

　"그야 뭐."

　"굉장한 스피드죠?"

　"하하하하, 눈 깜짝할 사이였죠?"

　다른 부원들도 허기가 가시자 응대가 부드러웠다.

　"아니, 이유는 또 있지요."

　신사는 갑자기 정색을 했다.

　"네?"

　"속도뿐만이 아니라……."

　"뿐만이 아니라, 뭐가 더 있죠?"

　"첫술부터 마지막 밥풀 하나까지 속도가 한 번도 바뀌지 않고 일정했어요."

　"네에?"

그때 신사의 관찰력에 정말 감탄했지만 성함을 여쭤어 보지도 못하고 오사카 역에서 헤어지고 말았다. 지금 돌이켜봐도 위대한 진리였다.

그런데 운동량에 비례하여 늘어가던 먹성은 그 뒤 꿈을 이루지 못하고 춤을 더 추지 않게 되어도 변치 않았다. 그 결과 지금 체중은 그때보다 25킬로그램이나 불었다.

며느릿감의 먹성

학창시절의 친구 중에서 홋카이도 시레토코 갑 끝에 위치하는 샤리 군 출신이 있었다. 이름은 가칭 이에나가 도시오라 하자. 마침 가토 도키코나 모리시게 히사야가 부르는 〈시레토코 여정知床旅情〉배우이자 아나운서인 모리시게가 시레토코 마을을 그리워하는 내용을 담아 즉흥적으로 작사·작곡한 노래로, 상송가수 가토가 부른 노래 이 폭발적으로 유행한 시기라, 나는 여정旅情에 한껏 부풀었다. 그래, 이에나가네 집에 재워달라고 부탁해보자. 그러면 숙박비는 안 들겠지.

"그래, 와도 좋아."

인정 많은 이에나가는 집 어른들께 여쭤보지도 않고 그 자리에서 허락했다.

"오기 전날 전보만 친다면 언제든지 환영이야."

그가 시킨 대로 가기 전날 삿포로에서 전보를 쳤다. 아마도 이런 글귀였던 것 같다.

"내일 오후 5시 20분 샤리 역 도착. 마리."

다음 날 노을이 질 무렵 시레토코 샤리 역 플랫폼에 내려섰는데, 개찰구에서 누가 나를 부른다.

"혹시 마리 씨 아닙니까?"

뒤를 돌아보니 중년 부부로 보이는 남녀가 서 있다. 남자 분은 양복에 넥타이, 여자 분도 정장 차림이다. 아무리 보아도 상당히 신경 쓴 외출복 차림으로 많이 긴장한 모습이다.

"평소에 우리 도시오가 신세 많이 지고 있지요?"

이크, 이를 어째? 이에나가의 부모님이었던 것이다. 청바지에 티셔츠 차림의 꾀죄죄한 모습으로 온 나는 갑자기 몸 둘 바를 몰랐으나 이제 와서 어쩔 수 없는 일. 삿포로의 어느 백화점에서 산 과자 상자를 내미는 게 고작이었다.

정작 이에나가 군은 이틀 전부터 아바시리 쪽으로 친구들과 놀러 가버려 연락이 안 된단다. 하필 그 틈에 내가 보낸 전보가 도착한 것이다.

그런데 집에 가는 길에, 아니 집에 가서는 더욱 이에나가 부모님의 말투가 묘하다.

"결혼해서도 일을 계속할 건가?" 혹은 "우리는 따로 살아도 된다고 생각한단다."

이건 초면에 할 얘기가 아닌 것 같은데…… 그러는 사이 저녁상을 받았다. 이에나가의 어머니는 "차린 건 없지만" 하고 겸손해하셨지만, 음식 하나하나가 어찌 그리 맛있던지! 금방 딴 채소에 갓 잡은 생선의 신선한 단맛이라니. 나는 밥과 된장국을 금세 뚝딱 닦아 먹고도 세 그릇이나 더 먹었다. 당연히 내 앞에 놓인 반찬은 그림자도 없이 사라졌다.

"내 것도 먹으렴."

보다 못한 아버님은 당신의 접시를 내미셨다. 식후엔 목욕물도 받아주셨다.

"뜰에서 딴 거라네."

목욕하고 나오자 찐 옥수수를 접시에 가득 담아 내오셨다. 그렇게 맛있는 옥수수는 처음이요, 그 뒤에도 없었고 앞으로도 없을 듯싶다. 단숨에 예닐곱 자루를 꿀꺽 삼켰다.

이에나가 부모님의 학습능력은 대단했다. 이튿날 아침 식탁에는 내 접시에만 반찬이 3배나 많이 올라와 있는 것이었다. 동시에 그 묘한 말씀은 쏙 들어갔다.

도쿄로 돌아와서 이에나가를 직접 만날 기회가 있어 그때 일의 전모를 알게 되었다. 역시 이에나가는 부모님께 내가 올 거라는 말씀을 드린다는 걸 잊고 나갔나 보다. 갑자기 전보를 받아든 부모님은 옛날 분들처럼 아들의 연인이 결혼승낙을 받으러 온 거라고 오해하셨단다.

"마리의 먹성에 깜짝 놀랐대."

"이런 먹보가 며느리로 들어와서는 집안 말아먹겠다고 걱정하셨겠네."

"아니, 당신 아들에게 마음이 있었다면 그렇게 먹어댈 리가 없다고 생각하신 것 같아."

태생이냐 환경이냐

"따님도 만주는 그리 안 좋아하지?"

교토에서 대대로 가계를 이어온 화과자 가게 주인은 만나서 인사하자마자 이렇게 물으셨다. 아버지의 고등학교 동창 분으로, 피가 얇은 만주로 유명한 가게를 가업으로 이은 품위 있는 노인이다.

"네? 아버지가 만주를 싫어한다고 하시던가요?"

"그게 아마 여름방학이었던가? 처음으로 우리 집에 왔을 때 차와 만주를 내놓았지. 그랬더니, '대단히 죄송하지만 만주를 별로 좋아하지 않는다'라고 하더군. 그래 놓고는 내온 만주를 금방 먹어치웠지 뭐야. 그래서 더 큰 접시에 내왔더니 또 눈 깜짝할 새 먹어버리고, 내오면 또 먹고 해서 결국 75개를 먹더군. 이건 전무후무한 기록이란다, 아하하하. 따님 먹성도 이타루 군이랑 쏙 빼닮았네. 하하하하."

"혹시 이타루의 따님?"

"호오, 그 이타루의……."

어느새 주인장의 모친으로 보이는 분과 가게에서 연로해 보이는 분들이 모여 흥미롭다는 듯 내 입가로 시선을 모았다. 이렇게 기대를 받다니 어디 그럼 한번 실력 발휘해보리라 하고, 나오는 족족 먹어치웠지만 23개에서 항복.

"그래도 아가씨치고는 굉장하네. 역시 이타루 군의 딸답구먼."

이런 말을 들었기에 일단 체면은 차렸다. 마치 라쿠고 〈만주가 무서워〉만주가 무섭다는 젊은이를 골탕 먹이려고 친구들이 돈을 모아 만주를 잔뜩 사 오자, 젊은이는 '너무 맛있어서 무서워'라고 했다는 이야기를 몸소 실천한 듯한 이야기로, 믿기 어려울지 모르지만 실제로 있었던 일이다.

초등학교 때는 이런 일도 있었다. 어느 날 담임선생님이 물으셨다.

"마리는 아버지의 어떤 점이 대단하다고 생각하니?"

"당신이 저지른 일에 대한 책임을 마지막까지 다하시는 점이요." 하고 당당하게 말했다.

"예를 들면?"

또 물으시기에 이런 이야기를 해드렸다.

어머니가 출장으로 3개월 정도 집을 비웠을 때 아버지는 날마다 저녁을 지어주셨다. 어느 날 밤, 스튜에 도전한 것까지는 좋았는데, 쇠고기를 1킬로그램이나 넣어 큰 냄비가 넘칠 정도로 양이 많았다. 더구나 밀가루 분량도 너무 많아 스튜라기보다는 풀 덩어리처럼 되어버렸다. 아버지는 이 풀 덩어리를 세 국자 정도 떠서 작은 냄비로 옮긴 뒤 물을 더 부어 그럭저럭 스튜처럼 만들어주셨다. 맛도 괜찮아서 난 더 먹었을 정도다.

그래도 큰 냄비에는 그 '스튜 풀 덩어리'가 한가득 남아 있었으니, 다음 날도 그다음 날도 저녁 식단은 같았다. 그런데도 요술처럼 냄비 속은 전혀 줄지 않았다. 스튜가 상하지 않도록 아버지가 매일 데우면서 물과 밀가루를 더 넣어 조절했기 때문이었다.

"이젠 질렸어요. 보기도 싫어요."

드디어 나흘 만에 나와 여동생은 불만을 터뜨렸다. 그런데 아버지 왈, "무슨 말, 옛날에는 일본이며 유럽에서도 시골에서는 10년을 하루같이 같은 걸 먹고 살았단다. 폴란드 시골에 가면 지금도 이렇게 스튜를 만들어놓고 한겨울을 난다더라" 하신다.

이는 아마 당신 스스로에게 하신 위안의 말이었나 보다. 다음 날부터 우리에게는 다른 요리를 해주셨지만, 아버지는 한 달 뒤 큰 냄비가 빌 때까지 나머지 스튜를 계속 드셨다.

"그죠? 굉장하죠?" 하고 자랑스럽게 말하자, 선생님은

왠지 "음……" 하고 신음한 다음 한참 동안 가만히 계시
다가 이렇게 말씀하셨다.

"과연 굉장하시네. 선생님도 요전에 카레를 만들었지만
마리 아버님처럼 책임지지는 못했단다." 이어서 "책임감이
라기보다는 위가 튼튼하신가 보네, 마리 아버님은."

사실 아버지와 친가 쪽 주변에는 이런 얘기가 허다하
다. 이런 대식가들 사이에서 자라다 보니 한 가지 의문이
생긴다.

'나는 먹보로 타고난 것일까, 아니면 주위 어른들의 생
활습관을 보고 자란 결과일까? 내 먹성은 집안 내력인가'

즉, '태생이냐 환경이냐' 그것이 문제로다.

예를 들어 아버지의 튼튼한 위는 나도 그대로 물려받
은 모양이다. 시베리아 취재 중에 말라 비틀어진 샌드위
치를 2인분이나 음료수도 없이 먹어치운 이래 '쓰바키 히
메<small>つばき姫 '쓰바키는 '침', 히메는 '공주'라는 뜻으로 '쓰바키 히메'는 '냠냠공주'쯤이 된다.
이는 오페라 〈춘희〉의 일본어 발음과 같다</small>라는 명예로운 별명을 얻게 되
었다.

만주집 사람들은 아버지의 딸인 나도 당연히 아버지의
먹성을 물려받았으리라 기대했을 테지만, 실제로는 아버
지의 먹는 모습을 어깨너머로 보고 배운 게 아닐까.

물론 무슨 연구과제 같은 거창한 테마는 아니지만, 언
제부터인지 이 문제는 내 머릿속을 차지하게 되었다. 그러

던 어느 날 들고양이 오누이를 키우게 되면서, 이런 어렴풋한 문제의식이 갑자기 윤곽을 드러냈다.

두 마리는 무리無理와 도리道理라고 이름 지었는데, 무리가 식탐이 더 컸다. 두 마리 다 면류를 좋아해서, 내가 스파게티든 국수든 우동이든 무슨 면류만 먹고 있으면 어디선지 나타나서는 먹여달라고 조른다. 긴 면발을 한 손에 한 줄씩 들고 늘어뜨려주면 두 마리가 양쪽 끝에 각각 달라붙어 면을 씹고 들어오니, 면을 잡고 있는 양손이 양쪽으로 당겨지는 셈이다. 그 힘이 확연히 무리 쪽이 세고 빠르다. 맞다. 삼키는 힘에도 큰 차이가 있다.

'형제라서 같은 환경에서 자랐을 텐데 이렇게 차이가 있는 걸 보니, 먹성은 환경보다는 역시 타고난 기질인가 보네.'

혼자 끄덕이다가 다음 순간 생각했다.

'아니지. 피를 나눈 형제가 이러니 반드시 핏줄로 좌우되는 것도 아니란 말이네.'

좀 더 관찰해볼 필요가 있겠다.

먹성도 한 재주

　나보다 2년 하고도 8개월 늦게 태어난 여동생의 이름은 유리다. 당연히 주위 사람들도 나도 "유리짱!" 하고 부르니 어느새 본인도 "유리짱!"이라 자칭하게 되었다. 그러나 어릴 때는 발성기관이 미숙해 발음이 안 되는지라, "우이치"로 들렸다. 그조차도 어떤 때는 "운치"일본어로 통을 뜻하는 말로 들렸다. 그게 나는 창피하고 창피해 죽을 지경이었다. 여동생이 유치원에 들어왔을 때 이미 졸업반에 있던 내가 걱정한 대로, 걸핏하면 개구쟁이들의 놀림감이 되었던 것이다.

　"야아, 너네 동생 운치라며?"

　"알나리깔나리, 넌 응아 언니네, 똥덩이 언니다아~."

　이때 억울하다는 말을 알았다면 아마도 그렇게 표현했으리라. 피할 수 없는 운명의 두려움을 태어나서 처음 맛보았다. 그러던 것이, 다음과 같은 일을 겪은 뒤부터는 전혀 개의치 않게 되었다.

부모님이 외출하신 어느 날 밤, 여동생과 나는 둘이서 집을 보고 있었다. 나가기 전에 어머니는 모든 방의 덧문을 굳게 잠그시며, "누가 찾아와도 현관이며 덧문을 절대로, 절대로 열어주면 안 된다. 알았지?" 하고 몇 번이나 다짐을 하셨다.

"혹시 유괴범이 납치할지 모르니까."

그런 다음 나를 보시며 부탁하셨다.

"마리는 언니니까 유리를 잘 돌봐주어라."

우리 집 덧문은 육중하고 단단한 떡갈나무로 만든 것으로 집 안에서 밖이 보였는데, 빗장만 벗기지 않는다면 밖에서는 꿈쩍도 하지 않았다.

동생과 둘이서 라디오를 듣거나 책을 읽고 나서 저녁을 먹었고, 그 뒤에는 그림을 그리거나 끝말잇기 놀이를 했더니 슬슬 잠이 왔다. 밖은 이미 깜깜했다. 그런데도 아버지도 어머니도 돌아오지 않으셨다. 할 수 없이 잠옷으로 갈아입고 자려는데, 어디서 똑똑 소리가 들렸다. 누군가 덧문을 두드리고 있었다. 틈새로 내다보니 거구의 사내가 서 있다. 머리도 얼굴도 온통 털북숭이다. 어디까지가 머리카락이고 어디까지가 수염인지 분명치 않다. 다이코쿠신大黑天 일본의 행운의 신인 칠복신 중 하나. 부富의 신으로, 왼쪽 어깨에 큰 자루를 둘러메고 쌀섬 위에 올라앉은 모습이다처럼 커다란 망태기도 들고 있

248

다. 옆에는 무지하게 마르고 신경질적으로 생긴 여자가 서 있다.

'유괴범이다!'

이렇게 직감한 순간 온몸이 덜덜 떨렸다. 여자가 간드러진 목소리로 "아줌마는 엄마 친구야. 선물로 예쁜 인형을 가지고 왔어. 재미있는 그림책도 가져왔단다"라고 말했다.

우리가 가만히 있으니 사내가 억지로 덧문을 열려 했지만, 마음대로 안 되자 둘은 집 주위를 어슬렁거리기 시작했다. 현관문을 열려고 문고리를 딸깍거려보다가, 온몸을 쿵쿵 부딪치곤 했다. 나는 무서워서 온몸이 오그라들었다. 동생을 껴안으며 "절대로 문을 열면 안 돼" 하고 말하니 동생은 영문을 모르는 얼굴로 고개를 끄덕인다. 그런데,

"어? 여기 맛있는 초콜릿이 있었네."

여자의 이 목소리를 듣자마자 동생은 나를 뿌리치고 덧문 빗장을 벗기곤 밖으로 튀어 나가버렸다. 당장에 사내가 동생을 잡아채더니 망태기 속에 쑥 집어넣었다. 아아, 어쩌면 좋지? 도와주려고 했지만 여자가 들어오려 해서 동생이 열고 나간 덧문 빗장을 서둘러 잠갔다. 여자는 혀를 찼다.

"쳇, 할 수 없군. 장기전 돌입이다. 한 놈 더 잡아야 하니까."

남자는 담배를 꺼내 뻑뻑 피웠다. 부모님은 아직도 오시지 않는다.

나는 망태기 속의 동생이 걱정되어 있는 힘껏 외쳤다.

"유리야, 괜찮니? 유리야아!"

"우이치 무서워!"

망태기 속에서 우물거리며 힘없이 외치는 동생 목소리가 들렸다. 사람은 공기가 부족하면 죽는다고 들은 것이 떠올랐다. 좁은 망태기 속에서 얼마나 숨이 찰까. 서두르지 않으면 죽을지 몰라. 내가 빗장을 열려던 바로 그때, 담배를 다 피운 남자가 벌떡 일어서더니 여자에게 말했다.

"늑장 부리다가는 부모가 돌아오겠다. 에라, 오늘은 그만 돌아가자."

"유리야아~, 유리야!!"

나는 배에 온 힘을 주고 고함을 질러보았다. 이웃집 사람들이 알아채고 도우러 와줄지 모르니까.

"유리야, 유리야아!!"

"우이치 무서워! 사람 살려! 우이치, 우이치!"

동생은 드디어 울기 시작했다.

"이크, 응아래."

여자의 다급한 목소리가 들렸다.

"이거야 원, 망태기 속에서 똥을 싸면 어쩌지?"

남자는 마지못해 망태기를 풀어 동생을 휙 끌어내면서

명령했다.

"빨리 나와."

그 찰나, 나는 빗장을 풀고는 덧문을 열어 동생을 낚아채듯 집으로 데리고 들어와 덧문을 잠갔다. 허를 찔린 남자와 여자는 분해하면서 덧문을 몇 번이나 발로 차더니 체념했는지 돌아갔다.

이 꿈을 꾼 뒤로 나는 동생이 "우이치"라고 말하는 것이 조금도 거슬리지 않았을뿐더러, "응아"로 들리는 데에 어떤 필연성마저 있는 것 같다고 생각하게 되었다. 이 문장을 쓰면서 이런 생각을 해보았다. 내가 그런 꿈을 꾼 것은 먹성 좋은 나조차 적수가 못 될 정도로 어린 동생의 먹성이 특출했기 때문이라고. 유년기에 2년 8개월이면 차이가 크다. 몸도 마음도 급격히 자라나는 시기이니, 아무리 발돋움을 해봐야 읽을 수 있는 글자 수이며 사회성이며 거의 모든 면에서 내가 동생보다 나은 것이 당연했다. 그 반대가 있어서는 안 될 일이었다.

그런데, 그런데도 동생은 세 살이 채 되기도 전에 먹는 양과 속도에서, 다섯 살인 나를 제친 것이다.

이 차이는 어디서 생긴 것일까. 타고난 것일까 했지만 그렇다고 잘라 말하지도 못하겠다. 어머니는 동생을 받아준 조산원의 가르침 때문이라고 하신다.

"튼튼한 아이로 기르려면 폐활량을 키워야 해요. 그러기 위해서는 내장을 크게 늘리는 게 좋지요. 그러니까 우유를 많이 먹이세요. 우유병같이 쩨쩨한 거 말고, 간장병에 젖꼭지를 달아서 싫어하든 말든 자거나 말거나 무조건 먹이세요."

그녀는 정열적으로 자신의 지론을 폈단다. 과연 여동생은 뼈가 굵고 가슴팍이 두터운 당당한 체구가 되었다. 먹는 양도 체구에 비례한다. 유아기에 폐뿐 아니라 위도 엄청나게 늘려놓았나 보다. 그래도 같은 조산원이 받아준 H군의 엄청난 비만 체형에 비교하면(어디까지나 상대적이지만) 상당히 스마트하다.

"그건 내 덕분이지. 고마워해라"라며 의기양양한 엄마.

"H의 엄마는 조산원이 해준 말을 너무 충실하게 지킨 거야. 싫다는 걸 억지로 간장병을 거꾸로 해서 우유를 입에 부어 넣었으니, 아기 귀에서 우유가 흘러나와 중이염을 앓고 말았어. 그게 악화돼서 폐렴에 걸려 죽기 직전까지 갔다니까 글쎄. 그에 비해 난 대충대충 지켰지. 적당히 흘려들었으니 싫어할 때는 먹이지 않았거든."

아무튼 그 결과 동생은 어이가 없을 정도로 먹보가 되었다.

간식은 순식간에 사라진다. 나는 동생이 다 먹어치운 것을 확인한 뒤 보란 듯이 야금야금 먹는다. 꼴깍 군침을 삼키는 걸 보면서 고구마를 반으로 잘라 동생 코앞에서 어른거려 보인다.

"요거 너 줄까?"

동생은 단번에 눈을 반짝이면서 끄덕거린다. 나는, "어떻게 할까~나" 하고 약을 올리면서 손에 쥔 반쪽을 앙 하고 내 입에 가져간다. 동생은 온몸이 눈동자가 되어 나머지 고구마 반쪽을 주시한다.

"이거 주면 유리는 언니 말 뭐든지 들을래?"

"응, 우이치, 다 들을 거야."

"그럼 지금부터 일주일 동안 뭐든지 유리 것의 반은 언니 거다. 뭐든지. 그래도 돼?"

"응."

이렇게 해서 고구마 반쪽과 바꿔서, 동생은 그 주에 받은 용돈의 반을 내게 빼앗기곤 했다. 동생은 아직도 그게 원망스러운지, 바로 얼마 전에도 "어린애 주제에 어쩜 그런 잔머리가 돌아갔지? 아이쿠, 무서워라" 하고 정색하며 비꼬았다.

"그런 얘기에 걸려드는 게 잘못이지. 어린 마음에도 네가 너무 어수룩해서 걱정스러웠던 거야. 그래서 나쁜 사람에게 걸려들지 않도록 훈련시킨 거라고."

이렇게 둘러댔지만 솔직히 반은 진심이었다. 먹는 거라면 얘는 부모 형제 친구뿐 아니라 제 양심조차 팔아치우지 않을까, 발을 잘못 들여놓으면 어쩌나 하고 접대에 약한 동생의 성격이 걱정스러웠던 것이다.

대학에서 생물학을 전공한 뒤 한때 고등학교에서 교사를 했던 동생은 어느 날 갑자기 학교를 그만두고는 오사카의 유명한 조리학교에 입학해버렸다.

"지루한 수업으로 미움이나 받느니, 맛있는 요리로 모두에게 기쁨을 주고 싶어."

이게 이유란다. 조리학교를 졸업하자 이탈리아로 건너가서 어느 레스토랑에서 수련을 하고 귀국하여 지금은 요리교실을 열었다. 이로써 먹는 것 때문에 길을 잘못 드는 일은 없어졌으니 한숨 놓았다.

느긋하고 천하태평한 동생이지만 음식 재료를 고를 때만은 먹이를 앞둔 야수처럼 눈을 빛낸다. 이 여동생이 생애에 단 한 권만 책을 써보고 싶단다. 이미 제목은 정해놓았다고. 『먹성도 한 재주』라나.

씹는 것은 껌뿐

"자 잠깐, 좀 천천히 주문해주세요."

자주 다니는 초밥집에 앉아서 주문을 하고 있으면 도중에 요리사는 반드시 비명을 지른다.

"아휴, 요네하라 씨는 어쩜 그렇게 빨리 드세요? 내 마음이 막 쫓깁니다."

먹는 게 보통 속도가 넘는다는 뜻이다. 그런가? 이쪽은 천천히 먹는다는 게 그런걸. 하긴, 젊은 시절 데이트할 때 같이 식사를 하면 늘 상대방보다 내가 빨리 먹었다. 어머니는 늘 말씀하셨다.

"걸을 때나 먹을 때는 상대방의 보조에 맞추어 시간을 함께하도록 마음을 써라."

귀가 따가울 정도로 들어왔지만, 일상적으로 함께하는 가족들의 속도에 익숙해진 터라, 상대방이 땀을 뻘뻘 흘리며 필사적으로 내 속도에 따라오려는 것에는 뒤늦게 눈이 간다. 그러면 마치 무슨 법칙이라도 있는 듯 그런 상대에게선 다시 데이트 신청을 받은 적이 없었다.

그런 점에서 친가 친척들과 식사하러 갈 때는 마음이 편했다. 어느 날, 고모 일가를 포함한 12명과 함께 맛집으로 소문난 중국집에 찾아갔다. 가게에 도착해보니 과연 인기가 있는지 늘어선 줄이 엄청나게 길어, 30분이나 기다려서 간신히 자리에 앉을 수 있었다. 16가지가 나오는 풀코스를 주문하자 잠시 후 음식들이 줄줄이 나왔다. 그게 정말 눈 깜짝할 사이에 빈 접시로 변해갔다. 실로 가슴 후련한 광경이었다. 그런데 재미있는 일이 일어났다.

"어머나, 실례했습니다. 회과육回鍋肉이 아직 안 나왔죠? 곧 내오겠습니다."

우리가 너무나 빨리 먹은지라, 웨이터가 아직 내오지 않은 줄 알고 어떤 음식은 두 번이나 가져다준 것이다.

"이거 미안한 거 아냐?"

마음 한구석에 양심의 가책이 들어 이런 말을 하는 나에게 식탁을 둘러싼, 나와 피를 나눈 사람들이 이구동성으로 한다는 말은 이러했다.

"식당의 손님 회전에 지대한 공헌을 하고 있으니, 그 보답이라 생각하지 뭐."

이런 걸 두고 '먹보의 세 치 명분'일본 속담 '도둑의 세 치 명분'(잘못을 저질러놓고도 변명을 한다는 뜻. 세 치는 혀의 길이를 뜻함)을 저자가 패러디한 것이라

해야 하나. 우리는 30분도 채 못 돼서 그곳을 나왔으나, 우리가 줄서서 기다리는 동안 이미 먹기 시작한 옆 테이블 사람들은 아직 디저트까지도 못 간 형편이었다.

하나같이 먹보인 우리 핏줄 사람들과 지금까지 나의 짧지 않은 인생에서 만나온 사람들로 분석해보건대, 빨리 먹는 사람들은 대체로 대식가이며 또한 대식가는 빨리 먹는다는 등식이 성립할 확률은 상당히 높다.

여기에는 좀 더 이론적인 뒷받침도 있다. 인간의 몸에서 배부르다는 신호가 중추신경에 도달하는 데는 20분 이상 걸린단다. 그때까지는 아무리 먹어도 배가 찼다고 느끼지 못하니 어느새 먹는 양이 늘어난다.

"다이어트를 하려면 천천히 먹는 게 좋아요. 그래야 먹는 양이 줄어 경제적이죠. 그러려면 열심히 씹어야 해요."

그러고 보니 학창 시절 체육시간에도 배운 것 같다.

"이상적으로는 100번, 최소 10번은 씹을 것."

여기저기 나오는 건강지침서에도 그렇게 씌어 있다.

"씹으면 뇌가 자극되니까 노화방지도 됩니다. 먹은 것이 소화도 잘되니 위장의 부담도 덜어줍니다. 씹어야 합니다. 꼭꼭 씹어야 해요."

귀가 얇은 나는 그런가 보다 하고 처음엔 열심히 실천해보지만 오래가지 못한다. 씹기는커녕 어느새 삼키고 있는 나를 발견한다. 최근에는 아예 포기하고 뇌의 자극은

껌으로 대신해보려고 생각 중이다. 위장의 부담은 걱정 없다. 아버지를 닮아서 *끄떡없기* 때문이다.

삼촌의 유언

매일 아침 내 일과는 뜰 한구석 구덩이에 온 집 안의 쓰레기를 모아 태우는 것이었다. 태우면 독성이 나올 쓰레기 따위는 없었다. 음식쓰레기도 같은 구덩이에 버렸다. 쓰레기로 가득 찬 구덩이를 흙으로 덮어두면 머지않아 쓰레기는 흙으로 변했다. 쓰레기 수거일 같은 것도 없었다. 아니 자치단체가 쓰레기 수거에는 아예 관여하지도 않았다. 40년 전까지만 해도 도쿄에서조차 그랬다.

아침에 '쓰레기 모아서 태우기'는 내가 처음으로 도운 집안일이기도 했다. 어느 날 쓰레기를 모아서 뜰의 구덩이에 쏟아 넣고 보니, 쓰레기더미 속에 노란색 무언가가 눈에 띄었다. 이상한 예감이 들어 쑤시개로 쓰레기 속을 헤집어 노란색 덩어리를 확인했다. 억울하고 비참해서 눈물이 그칠 줄 모르고 흘러 넘쳤다. 당장에 쓰레기를 내팽개치고 집 안으로 들어갔다.

"엄마, 너무해요! 왜 숨겼어요."

그다음은 목이 메어 말이 안 나왔다.

"아유, 들켰네. 미안 미안. 어젯밤에 손님이 사 오신 건데 마리도 유리도 잠이 들어서 어른들끼리 먹어버렸어. 그렇게 울지 마라."

내가 울고 있는 동안 동생도 옆에 와 그 이유를 알게 되자 분해서 같이 엉엉 울었다.

"그래 알았다. 다음에 꼭 사줄 테니까, 어서 학교 가거라. 늦겠다."

아무래도 체념할 수 없었던 나는 흐느껴 우느라 딸꾹 대며 책가방을 둘러메고 나섰다.

바나나 한 송이를 100엔에 살 수 있는 지금 사람들에게는 믿기 어려운 일이겠지만, 1950년대 당시엔 바나나가 얼마나 귀하고 비싼 사치품이었는지 모른다.

그러던 것이 일본이 1960년대 고도성장기에 돌입한 때부터 바나나는 싸구려 식품의 대명사가 되어버렸다. 하지만 사회주의 국가에서는 그 뒤에도 오랫동안 바나나가 사치품이었다. 소련이 붕괴하고 시장경제에 자유화 노선을 걷게 된 러시아에서 "예전과 어떻게 달라졌습니까? 무엇이 좋아졌고 무엇이 나빠졌지요?" 하고 인터뷰해보면, 반드시 이런 대답이 섞여 있다.

"글쎄, 우리 같은 서민들이야 뭐든지 물가가 올라서 살기 힘들어졌지만 바나나 하나만은 값이 내렸구먼. 아니 뭐, 그렇다고 바나나를 사고 싶다는 건 아니고."

바나나 값은 한 나라 경제가 글로벌 경제인지 아닌지를 가늠하는 리트머스지 같은 것이다. 일본 경제가 아직 다국적 자본에 문을 열지 않았을 무렵, 그러니까 바나나가 동경의 대상이었을 당시 나와 동생이 '바나나 삼촌'이라고 부르며 따랐던 삼촌이 계셨다.

아버지는 10남매 가운데 차남이셨으니, 우리 자매에게는 수많은 삼촌과 고모, 사촌형제 들이 있었다. 앞서 본 대로 모두들 대식가들이지만 그중에서도 유달리 먹성 좋은 삼촌이 계셨다. 깨어 있는 시간 대부분은 먹고 있거나 먹을 것을 생각하며 보내는 듯한 분이었다. 물론 마코토라는 이름이 있었지만 조카인 우리 자매와 사촌들은 '바나나 삼촌'이라 불렀다.

"내일 마코토 삼촌이 도쿄에 오신단다" 하고 어머니가 말하면, 나도 동생도 뛸 듯이 기뻐했다. 어김없이 바나나를 선물로 사 오시기 때문이었다. 게다가 우리 얼굴을 볼 때마다 안경 너머 동그란 눈동자를 굴리시며 물으셨다.

"자, 우리 마리와 유리는 뭘 먹고 싶지?"

그러고는 부모님이 절대로 데려가주실 것 같지 않은 고급 레스토랑에서 우리가 먹고 싶어하는 것을 사주시며 항상 같은 질문을 하셨다.

"맛있냐?"

"응, 맛있어요."

"그럼, 마리랑 유리는 삼촌 딸 하지 않을래?"

"으…… 응."

그건 꽤 고민되는 질문이었다. 삼촌의 자식이 된다면 이렇게 맛있는 음식을 매일 먹을 수 있을지 모른다. 어린 눈에도 삼촌이 아버지보다 훨씬 부자라는 것을 알았다. 마코토 삼촌뿐 아니다. 친가 쪽 사람들의 생활 수준은 우리 집에 비하면 하늘과 땅 차이였다. 친가는 산림 지주 집안으로, 친할아버지는 귀족원^{1889~1947년까지 존속한 제국의회 당시 국회를 구성하던 양원 중 하나. 선거로 뽑는 중의원과 달리 천황의 칙령으로 뽑는다} 의원이셨다. 사업 쪽으로도 성공하신지라 여름방학 때 할아버지 댁에 놀러 가면 이름도 다 못 외울 정도로 많은 일꾼들이 있었다. 아버지는 이 모든 것을 버리고 학창 시절 공산주의에 심취해 패전까지 16년 동안 지하에서 숨어 생활하셨다.

전쟁이 끝난 뒤, 할아버지는 소식이 끊긴 아들이 살아 있다는 소식을 듣고 덴엔초후^{田園調布 도쿄의 고급주택지}에 대저택을 사주셨다. 그러나 아버지는 당장에 그것을 공산당에 기부해버려, 내가 태어날 무렵 우리 일가는 당원 집의 2층에서 단칸방살이를 했다.

평화로운 세상이 와도 할아버지는 안절부절못하셨다.

'공산당'이 언제 불법이 될지 몰랐기 때문이다.

"만약 그리 되면 마리와 유리는 너희가 맡아다오."

그렇게도 아이들을 좋아하건만 슬하에 자식이 없던 삼촌 부부에게 할아버지는 그런 부탁을 해놓은 듯했다. 다행히 그런 일은 일어나지 않았지만 삼촌 부부는 나와 동생을 친딸처럼 귀여워해주셨다. 삼촌은 우리 자매에게 될 수 있는 한 맛있는 음식을 먹이는 데 최대한 노력하는 것으로 애정을 표현하셨다. 식도락으로 몸이 상하셨는지 삼촌은 만년에 당뇨병으로 고생하셨다. 대식가인 삼촌에게 맛있는 것을 못 먹는 건 참기 힘든 일이었으리라. 그래도 내가 찾아가면 삼촌은 정성을 다해 식사 계획을 짜주셨다.

"점심은 지쿠요테의 도미국밥이 좋겠구나. 저녁은 로열 호텔의 로스트비프로 하렴."

당신이 이런 것을 못 드시니 이런저런 요리를 상상하며 즐기시는 것 같았다.

"삼촌이 위독하시단다. 앞으로 열흘이나 견딜 수 있으실지."

숙모의 전화를 받고는 그날로 삼촌을 찾아 뵈러 오사카로 달려갔다. 이미 의식이 몽롱하신지 내가 병실에 들어가도 모르셨다. 두세 시간 동안 숙모를 위로하며 시간을 보내고 있자니, 삼촌이 가늘게 눈을 뜨셨다.

"마리가 왔니?"

"비행기로 돌아갈 거니?"

"아니오, 신칸센으로요."

"그러냐……."

숨 쉬는 것조차 힘들어 보이는 삼촌은 눈을 감고 꺼져 가는 목소리로 말씀하셨다.

"역 도시락은 팔각도시락으로 해라……."

내게는 이 말이 그 일주일 뒤 세상을 뜨신 삼촌이 남긴 마지막 말씀이 되었다.

'먹는 이야기'를 묶어 내면서

'일하지 않는 자는 먹지도 말라'는 말이 있지만, 일을 하든 하지 않든 살기 위해서는 무언가를 먹어야 한다. 그저 누워 있기만 해도 호흡이며 신진대사며 순환 등 생명을 유지하는 데 하루에 적어도 1200킬로칼로리가 소비되어야 한다고 한다.

생물의 궁극적인 일은 살아가는 것이니 먹을 것을 얻기 위해 야생동물들은 분골쇄신해야 했고, 가축이 된 짐승들은 안정된 식량공급을 보장받는 대신 자유를 버려야 했다. 지금도 인류의 3분의 1은 끊임없이 기아의 공포에 시달리고 있고, 영화나 정치풍자 만화에 등장하는 부자들은 대다수가 비만으로 그려진다. 미식이나 다이어트라는 개념이 대중의 입에 오르내릴 정도로 포식하기 시작한 것은 극히 최근이요, 그것도 선진국에 국한된다.

"이렇게 지방이 축적되기 쉬운 몸은 동물로서는 우수하다고 봐."

동생은 자신과 내 허리통을 번갈아 보면서 말한다. 이는 불안한 미래에 대비하여 효율적인 영양 흡수로 지방을 비축하는 장치가, 체내에서 지극히 순조롭게 작동되고 있다는 증거란다. 즉 우리 몸은 아직도 언제 닥칠지 모르는 기근에 대비한 구조이며, 언제 어디서나 얼마든지 먹을 수 있는 새로운 상황에 적응하지 못하고 있다는 말이다. 이런 상황을 자각하여 이성으로 자기를 엄하게 다스리지 않으면 점점 더 체중이 늘어가는 것을 막을 수 없단다.

그야 물론 익히 잘 알고 있다. 하지만 눈앞에 맛있는 음식이 어른거리면 이성 따위는 어느새 잃는 게 문제지.

미모의 적이자 생활습관병의 원흉이라고 지탄받는 지방을 자고 있는 동안 전력으로 전환하는 간단한 장치만 발명된다면, 다이어트 문제와 에너지 문제는 일석이조로 해결되니 그 발명가는 억만장자가 될 것이다. 아마 얼마 지나지 않아서 누군가가 꼭 발명해줄 거야, 하고 기대해본다.

맛있는 것이라면 정신 못 차리지만 미식가를 자처할 정도로 전문가도 아니요, 미각에도 자신이 없다. 먹는 양과 속도만큼은 평균 이상이지만 요즘 뜨는 푸드파이터^{상금을 목}_{적으로 도전하는 프로 대식가들} 발끝에도 못 미친다.

그러니 어느새 음식에 관한 글들이 모이긴 했지만 그걸 책으로 묶어보자는 제안에는 솔직히 자신이 없었다. 분게이슌주文芸春秋의 후지타 요시코 씨가 담당하지 않았다면 아직까지 엄두도 못 냈으리라. 여기저기에 발표한 글을 음악 형식에 맞추어 금세 차례를 정리하더니, "앞으로 100매 정도 더 써주세요" 하고 명령해놓고는 광고에다 출간일을 내보냈다. 꼼짝없이 그의 포위망에 갇힌 셈이다.

덕분에 요 한 달은 가시방석이었다. 질과 양 모든 면에서 일정한 수준의 글을 만들기 위해 애써봤지만, 아무래도 그 판단은 독자 여러분에게 맡겨야겠다.

뜻밖의 음식사

쇼지 사다오東海林さだお(1937~, 만화가·'베어 먹기 시리즈' 저자)

요네하라 씨는 '안심되는 사람'이다.

그리고 '듬직한 사람'이다.

또한 '푸근한 사람'이다.

내 멋대로 단정해버렸지만, 실은 나는 한 번도 요네하라 씨를 만난 적이 없다. 그러나 요네하라 씨가 쓴 글을 읽고 있으면 언제나 그런 생각이 든다.

요네하라 씨라면 언제 어디서 어떤 궁지에 몰리더라도 독자들은 안심할 수 있다. "요네하라 씨니까" 하고 안심할 수 있다. 물론 외모나 체격을 보고 하는 말이 아니다. 요네하라 씨의 글은 푸근한 '어머니의 말투'를 느끼게 한다. 마치 '어머니가 자식에게 들려주는 이야기'처럼.

아무튼 어머니가 들려주시니까, 하고 아이들은 안심하

고 귀를 기울이게 된다. 그처럼 독자들은 어느새 자식이 되어 어머니가 들려주는 이야기에 귀를 기울이고 있는 사이, 이 책 한 권을 다 읽는다.

듬직한 어머니는 어떤 곤경에 처해도 끄떡없다. 첫 장 「닭이 먼저냐 달걀이 먼저냐」에서도 요네하라 씨는 곤경에 처한다. 사람들은 대개 크게 당황할 테지만, 이런 엄청난 위기에서도 요네하라 씨는 약간 당황할 뿐이다. 국제 문제와 관련된 통역 때, 발언자가 한 말의 의미를 몰라도 잠시 당황했을 뿐 금방 정신을 가다듬고, 제목대로 이야기를 닭과 달걀로 옮겨가고 병아리가 불쌍했던 이야기로 옮겨간 뒤, 닭이 불쌍하다고 하다가도 이 또한 금방 툭툭 털고 일어나 우적우적 먹어대기 시작한다.

이즈음에서 아이들은 어머니의 꿋꿋함에 푹 빠진다. 어머니만 따라가면 안전하다며 다음 장을 넘기게 된다.

이 책 한 권에는 온통 먹는 얘기들만 37편이 나온다. 한 얘깃거리로 시작해서는 늘 의외로 전개되며 어느 때는 헛소문, 뜬소문, 뒷소문을 들려주지만, 결국에는 깊이 있는 지식을 보여준다.

어느 장이건 지식이 넘치지만, 그 지식은 숨 막히지 않고 재미있는 이야기 한 가락이 되니, 독자는 "요거 한번 써먹어야겠네"라고 할 만한 이야깃거리 서너 가지는 금방 수확하게 된다. 예를 들어 「오, 캐비어!」는 그 전형적인 예가 되겠다. 여기에는 철갑상어 배에 지퍼를 달아 몇 번이나 캐비어를 꺼낸다는 얘기가 나온다. 그 지퍼는 물론 일본산으로, 이미 실용화되었다면 누구든 이 이야기를 남에게 하고 싶어 근질근질할 것이다. 이 대목에서 끝까지 읽기도 전에 더 참지 못하고 남에게 말해버렸다면 어떻게 될까. 그 결과는 이 글을 다 읽고 난 뒤의 즐거움으로 남겨두자.

프랑스 요리의 서비스 방식, 즉 코스로 한 접시씩 나오는 것은 당연히 프랑스에서 시작했으리라고 누구나 생각하겠지만, 의외의 나라에서 들여왔다는 것도 알 수 있다.

이런 지식 외에도 여기저기에 우스갯소리가 뿌려져 있다. 이 또한 모임에서 분위기를 띄울 일품들이다.

「감자가 뿌리를 내리기까지」는 뜻밖의 전개를 거듭하는 얘기로, 정말 '감자의 뜻밖의 역사'라 해도 좋을 귀중한 한 편이다. 이런 새로운 역사를 요네하라 씨는 어머니의 끈기로 찾아주었다.

먹는 얘기는 독자가 이미 알고 있는 것을 제재로 삼는 경우가 많다. 낫토면 낫토, 꽁치면 꽁치 등 독자가 늘 먹고 있거나 이미 알고 있다는 전제로 얘기를 시작해야 한다.

제일 어려운 경우는 아무도 모르는 머을거리를 제재로 삼는 경우다. 이름도 모르고 먹어본 적도 없는 것에 대해서는 대부분의 독자들은 별 흥미를 느끼지 못한다. '터키꿀엿'이라 해봐야 흥미를 느낄 사람은 없으리라. 그러나 아무도 모르는 터키꿀엿으로 어머니는 아이들을 인도한다. 휙 낚아채듯 데려간다. 그래서, 그래서? 그래서 어떻게 되는데? 아이들의 눈이 반짝거린다. 아무도 모르는 이 먹을거리에 대해, 시간을 들여 때와 장소를 바꾸고 등장인물을 바꿔가며 웃기고 흥미롭게 들려주는 사이, 아이들은 머릿속에 분명하고도 생생하게 터키꿀엿을 떠올리게 된다.

거기서 숨을 크게 들이쉬고 소리를 맞추어 "어머니 고맙습니다" 하곤, 다음 얘기를 조르게 된다.

남다른 식성과 걸출한 지성,
요네하라 마리를 추억하며

"만약 내일 지구의 종말이 온다면, 최후의 만찬으로 무엇을 드시렵니까?"

이미 오래전 일이지만 일본의 어느 뉴스 프로그램에 〈최후의 만찬〉이라는 명물 코너가 있었다. 초대된 게스트가 이 질문에 대한 답으로 미리 준비한 음식을 앵커와 함께 먹으며 이야기를 나누는 구성이다. 기라성 같은 유명인들이 최후의 만찬으로 도대체 어떤 요리를 고르나 흥미로웠는데, 시청자들의 기대와는 달리 흔히 먹는 일상적인 음식이나 어린 시절에 맛본 그리운 음식을 고르는 경우가 빈번했다. 특히 본문에도 자주 언급되었던 시큼한 우메보시와 기름이 자르르 도는 하얀 쌀밥을 꼽은 사람이 많은 걸 보면, 아무리 명예와 권세와 부를 가진 사람이라도 인

272

생의 마지막 날 먹고픈 것은, 역시 그 사람의 미각과 무의식 깊이 자리 잡은 원초적인 맛이 나는 음식인가 보다.

정말이지 어릴 때 즐겨 먹던 음식으로 형성된 입맛은 아무리 세월이 흘러도 좀처럼 바꾸기 힘든 것 같다. 오랜 세월 외국에 살다가 고국 땅을 밟는 사람들이 호텔 요리보다 시장바닥에서 맛보는 찐 옥수수에 더 감격하고, 봄날 시장에 나온 통통한 두릅을 무슨 심봤다는 듯이 잔뜩 사서는, 상하거나 말거나 이국에 두고 온 식구들에게 특급 항공편으로 부치는 걸 보면 말이다.

이렇게 애국심이란 거창하고 추상적인 것이 아니라 튼튼한 동아줄처럼 '위胃에 닿아 있다'는 사실에 이 책의 저자, 요네하라 마리 여사는 누구보다 일찍 눈뜬 것 같다. 저자는 어린 시절 프라하에서 반 친구의 대부분이 외국인인 학교를 5년간 다녔고, 커서도 외국인과 늘 접하는 동시통역을 업으로 삼아 러시아만 해도 몇백 번이나 드나들었다. 본문에서도 밝혔듯이 집안 내력으로 보아도 먹성을 타고났으니, 여러 곳을 다니며 맛본 음식도 그 폭이 남달랐으리라. 친구들에게 옛날이야기를 들려주다가 주먹밥이 그리워 눈물이 주르륵 흘러내렸다는 이야기며, 익숙지 않은 음식 문화에 당황했던 이야기, 먹성 좋은 친가의 내력 등 저자 자신의 경험은 물론이고 음식에 관한 동서고금의 얘깃거리나 속담 하나도 허투루 지나치지 않는다.

또한 음식은 생활과도 밀접한 관계를 갖기에, '먹을거리'에서 비롯한 문화 전반에 관한 저자의 넓고 깊은 견해가 이 책에서 아낌없이 펼쳐진다.

사족이지만 설음식은 새해를 맞는 그 민족의 바람이 담겨 있다. 예를 들어 일본의 설음식의 재료로, 구멍이 숭숭 뚫려 있는 연근은 하는 일마다 시원하게 통하라는 뜻이고, 유자는 그 모양과 크기가 대개 고르니 농작물이 다들 탈 없이 크라는 뜻이다. 삶아 으깬 고구마와 밤을 섞은 '긴톤'은 그 색이 금화를 연상케 하여 부자가 되라는 뜻이요, 새우 요리는 허리가 굽을 때까지 장수하라는 뜻이다. 또한 음식의 발음이 길조를 암시하는 경우도 있다. '도미'를 뜻하는 '타이'는 '경사스럽다'를 뜻하는 '메데타이 めでたい'를, '다시마'를 뜻하는 '고부昆布'는 '즐겁다'를 뜻하는 '요로코부喜ぶ'를 연상하게 한다. 이처럼 음식에는 그 민족의 생활문화와 정서가 깊이 배어 있다. 맛도 맛이지만 저자는 음식의 의미와 배경을 파헤쳐나가는 지적인 즐거움도 만만치 않다는 것을 느끼게 해준다. 독자 여러분은 본문 중 어떤 음식에 제일 구미가 당기셨는지.

여기서 자랑을 하나 꺼내보려 한다. 마리 여사가 이제는 찾기 어렵다고 한 음식을 맛본 경험이 있기 때문이다. 작년 늦가을, 고故 요네하라 마리의 일생을 돌이켜보는 〈요네하라전展〉이 일본 동북지방의 소도시 야마가타에서 열렸다. 이 행사를 알고만 있던 나는 예기치 않게 저자의 동생 이노우에 유리 씨에게 번역자 자격으로 초대를 받았다. 초대받은 사람들이 한자리에 모이자 유리 씨는 깜짝 선물로 어렵사리 구한 '여행자의 아침식사'의 뚜껑을 땄다. 다들 마치 어린 마리가 프라하 학교에서 '할바'를 기다리듯 제 순서가 오기를 간절히 기다렸는데, 한술씩 먹고 난 다음의 뜨악한 표정이라니. 그러나 유리 씨의 반응은 이 책에 묘사된 면모처럼 남달랐다.

"뭐야, 생각보다 나쁘지 않은데. 이 정도면 먹을 만하잖아? 안 그래요?" 하고 바로 앞에 앉아 있던 내게 동의를 구해왔다. 솔직히 수긍하기는 어려웠지만, 그래도 뱉어 낼 정도는 아니었던 것은 이 책을 읽고 어느 정도 마음의 준비를 했기 때문일까. 콘비프보다 좀 더 느끼한 맛이다. 역시 즐기는 음식의 폭이 남다른 자매인가 보다. 덕분에 본문을 읽으면서 '여행자의 아침식사'가 도대체 어떤 맛이길래 하는 궁금증은 풀렸지만.

자리에 모인 사람들은 대개 저자의 친척, 친구, 편집자 등이었다. 맛난 음식을 차린 식탁을 사이에 두고 돌아가면서 자기소개를 할 때, 무슨 작품 어디 어디에 언급된 누구라고 말하자 뭘 그 정도로 자랑하냐며 "난 함께 춤도 춘걸", "아니 난 블루스도 췄는데" 하고 다투어 뽐내는 모습이 재미있었다. 말은 안 해도 마리 여사가 가고 난 뒷자리가 휑한 것이, 다들 가슴 한쪽에 구멍이 나 있다는 것이 절로 느껴졌다. 더불어, 절친한 지인들을 부른 자리라는 것을 뒤늦게 알고 몸 둘 바를 몰랐다. 눈치 없이 참석한 내가 얼마나 원망스럽던지.

실은 나는 저자를 단 두 번밖에 뵌 적이 없다. 한 번은 저자의 강연회에 찾아가 번역을 허가받았을 때요, 또 한 번은 계약을 의논드리기 위해 가마쿠라의 댁으로 찾아갔을 때였다. 그때 이미 마리 여사의 몸 상태는 좋지 않았다. 그런데도 교토에 사는 내가 가마쿠라까지 오기 위해 호텔을 잡을 거면 댁에서 묵고 가라고 하셨다. 단 한 번 만났을 뿐인 사람에게 나라면 그런 말을 꺼낼 수 없었을 것이다. 완치된 다음 꼭 그런 기회가 있었으면 한다고 말씀드렸건만, 그런 일은 영원히 생기지 않는다는 사실을 나는 아직도 받아들이지 못하고 있다.

요즘 일본에서는 요네하라 마리가 다시금 주목받고 있다. '요네하라 마리'를 특집으로 다룬 문예지를 비롯해 발표되지 않았던 원고들도 속속 선보이고 있다. 아무쪼록 굵고 짧게 살다 간 저자의 진한 삶이 작품을 통해서나마 많은 독자들에게 다가가길 바란다.

2009년 6월, 교토에서

이현진